Editionen für den Literaturunterricht
Herausgeber: Dietrich Steinbach

Gotthold Ephraim Lessing

›Minna von Barnhelm‹

Ein Lustspiel in fünf Aufzügen
Verfertiget im Jahre 1763

mit Materialien

Ausgewählt und eingeleitet
von Joachim Bark

Ernst Klett Verlag
Stuttgart Düsseldorf Leipzig

[ ] Vom Herausgeber eingesetzte Titel und Ergänzungen im
     Materialienteil ab S. 108.
*   Vom Herausgeber eingesetzte Fußnoten. Die Anmerkun-
     gen im Lessing-Text wurden der Hanser-Ausgabe entnom-
     men (Band 2, S. 677–682).

Lessing 1760. Ausschnitt. Ullstein Bilderdienst, Berlin.

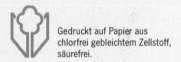

Gedruckt auf Papier aus
chlorfrei gebleichtem Zellstoff,
säurefrei.

1. Auflage   1 ¹¹ ¹⁰ | 2002

Alle Drucke dieser Auflage können im Unterricht nebeneinander benutzt
werden, sie sind untereinander unverändert. Die letzte Zahl bezeichnet das
Jahr dieses Druckes.
Der Abdruck folgt – auch hinsichtlich Rechtschreibung und Zeichenset-
zung – der Ausgabe: Gotthold Ephraim Lessing: Werke, in Zusammen-
arbeit mit Karl Eibl, Helmut Göbel, Karl S. Guthke, Albert von Schirnding
und Jörg Schönert, herausgegeben von Herbert G. Göpfert. Erster Band:
Gedichte. Fabeln, Lustspiele, redigiert von Sibylle von Steinsdorff.
Carl Hanser Verlag, München 1970, S. 604–704.
Materialien: © Ernst Klett Verlag GmbH, Stuttgart 1979.
Alle Rechte vorbehalten.
Internetadresse: http://www.klett-verlag.de
Umschlag: Zembsch' Werkstatt, München.
Fotosatz: KLETT DRUCK H. S. GmbH, Korb.
Druck: Ludwig Auer GmbH, Donauwörth.
ISBN 3-12-352200-8

Personen

MAJOR VON TELLHEIM, verabschiedet *, verhindert*
MINNA VON BARNHELM
GRAF VON BRUCHSALL, ihr Oheim
FRANZISKA, ihr Mädchen
JUST, Bedienter des Majors
PAUL WERNER, gewesener Wachtmeister des Majors
DER WIRT
EINE DAME IN TRAUER
EIN FELDJÄGER
RICCAUT DE LA MARLINIERE

Die Szene ist abwechselnd in dem Saale eines Wirtshauses, und einem daran stoßenden Zimmer

Erster Aufzug

Erster Auftritt

JUST

(*sitzet in einem Winkel, schlummert, und redet im Traume*): Schurke von einem Wirte! Du, uns? – Frisch, Bruder! – Schlag zu, Bruder! – (*Er holt aus, und erwacht durch die Bewegung:*) He da! schon wieder? Ich mache kein Auge zu, so schlage ich mich mit ihm herum. Hätte er nur erst die Hälfte von allen den Schlägen! – – Doch sieh, es ist Tag! Ich muß nur bald meinen armen Herrn aufsuchen. Mit meinem Willen soll er keinen Fuß mehr in das vermaledeite Haus setzen. Wo wird er die Nacht zugebracht haben?

Zweiter Auftritt

DER WIRT. JUST

DER WIRT: Guten Morgen, Herr Just, guten Morgen! Ei, schon so früh auf? Oder soll ich sagen: noch so spät auf?

JUST: Sage Er, was Er will.

DER WIRT: Ich sage nichts, als guten Morgen; und das verdient doch wohl, daß Herr Just, großen Dank, darauf sagt?

JUST: Großen Dank!

DER WIRT: Man ist verdrüßlich, wenn man seine gehörige Ruhe nicht haben kann. Was gilts, der Herr Major ist nicht nach Hause gekommen, und Er hat hier auf ihn gelauert?

JUST: Was der Mann nicht alles erraten kann!

DER WIRT: Ich vermute, ich vermute.

JUST (*kehrt sich um, und will gehen*): Sein Diener!

DER WIRT (*hält ihn*): Nicht doch, Herr Just.

JUST: Nun gut; nicht Sein Diener!

DER WIRT: Ei, Herr Just! ich will doch nicht hoffen, Herr Just, daß Er noch von gestern her böse ist? Wer wird seinen Zorn über Nacht behalten?

JUST: Ich; und über alle folgende Nächte.

DER WIRT: Ist das christlich?

JUST: Eben so christlich, als einen ehrlichen Mann, der nicht gleich bezahlen kann, aus dem Hause stoßen, auf die Straße werfen.

DER WIRT: Pfui, wer könnte so gottlos sein?

JUST: Ein christlicher Gastwirt. – Meinen Herrn! so einen Mann! so einen Offizier!

DER WIRT: Den hätte ich aus dem Hause gestoßen? auf die Straße geworfen? Dazu habe ich viel zu viel Achtung für einen Offizier, und viel zu viel Mitleid mit einem abgedankten! Ich habe ihm aus Not ein ander Zimmer einräumen müssen. – Denke Er nicht mehr daran, Herr Just. *(Er ruft in die Szene:)* Holla! – Ich wills auf andere Weise wieder gut machen. *(Ein Junge kömmt.)* Bring ein Gläschen; Herr Just will ein Gläschen haben; und was Gutes!

JUST: Mache Er sich keine Mühe, Herr Wirt. Der Tropfen soll zu Gift werden, den – Doch ich will nicht schwören; ich bin noch nüchtern!

DER WIRT *(zu dem Jungen, der eine Flasche Liqueur und ein Glas bringt):* Gib her; geh! – Nun, Herr Just; was ganz Vortreffliches; stark, lieblich, gesund. *(Er füllt, und reicht ihm zu.)* Das kann einen überwachten Magen wieder in Ordnung bringen!

JUST: Bald dürfte ich nicht! – – Doch warum soll ich meiner Gesundheit Seine Grobheit entgelten lassen? – *(Er nimmt und trinkt.)*

DER WIRT: Wohl bekomms, Herr Just!

JUST *(indem er das Gläschen wieder zurück gibt):* Nicht übel! – Aber Herr Wirt, Er ist doch ein Grobian!

DER WIRT: Nicht doch, nicht doch! – Geschwind noch eins; auf einem Beine ist nicht gut stehen.

JUST *(nachdem er getrunken):* Das muß ich sagen: gut, sehr gut! – Selbst gemacht, Herr Wirt? –

DER WIRT: Behüte! veritabler Danziger! echter, doppelter Lachs[1]!

JUST: Sieht Er, Herr Wirt; wenn ich heucheln könnte, so
würde ich für so was heucheln; aber ich kann nicht;
5 es muß raus: – Er ist doch ein Grobian, Herr Wirt!

DER WIRT: In meinem Leben hat mir das noch niemand
gesagt. – Noch eins, Herr Just; aller guten Dinge sind
drei!

JUST: Meinetwegen! *(Er trinkt.)* Gut Ding, wahrlich gut
10 Ding! – Aber auch die Wahrheit ist gut Ding. – Herr
Wirt, Er ist doch ein Grobian!

DER WIRT: Wenn ich es wäre, würde ich das wohl so mit
anhören?

JUST: O ja, denn selten hat ein Grobian Galle.

15 DER WIRT: Nicht noch eins, Herr Just? Eine vierfache
Schnur[2] hält desto besser.

JUST: Nein, zu viel ist zu viel! Und was hilfts Ihm, Herr
Wirt? Bis auf den letzten Tropfen in der Flasche würde ich bei meiner Rede bleiben. Pfui, Herr Wirt; so
20 guten Danziger zu haben, und so schlechte Mores[3]! –
Einem Manne, wie meinem Herrn, der Jahr und Tag
bei Ihm gewohnt, von dem Er schon so manchen
schönen Taler gezogen, der in seinem Leben keinen
Heller schuldig geblieben ist; weil er ein Paar Monate
25 her nicht prompt bezahlt, weil er nicht mehr so viel
aufgehen läßt[4], – in der Abwesenheit das Zimmer
auszuräumen!

DER WIRT: Da ich aber das Zimmer notwendig brauchte? da ich voraus sahe, daß der Herr Major es selbst
30 gutwillig würde geräumt haben, wenn wir nur lange
auf seine Zurückkunft hätten warten können? Sollte

---

(1) * Ein in der Danziger Brennerei ›Zum Lachs‹ hergestellter Likör;
das Etikett zeigt einen oder zwei Lachse; doppelter »Lachs« wird durch
eine Modifikation der sogenannten »einfachen« Destillation gewonnen.
35 (2) * Abwandlung der Bibelstelle Prediger Salomo, 4, 12: »Einer mag
überwältigt werden, aber zwei können widerstehen, und eine dreifache
Schnur reißt nicht leicht entzwei.«
(3) * Sitten.
(4) * ausgibt.

ich denn so eine fremde Herrschaft wieder von meiner Türe wegfahren lassen? Sollte ich einem andern Wirte so einen Verdienst mutwillig in den Rachen jagen? Und ich glaube nicht einmal, daß sie sonst wo unterkommen wäre. Die Wirtshäuser sind jetzt alle stark besetzt. Sollte eine so junge, schöne, liebenswürdige Dame, auf der Straße bleiben? Dazu ist Sein Herr viel zu galant! Und was verliert er denn dabei? Habe ich ihm nicht ein anderes Zimmer dafür eingeräumt?

JUST: Hinten an dem Taubenschlage; die Aussicht zwischen des Nachbars Feuermauren –

DER WIRT: Die Aussicht war wohl sehr schön, ehe sie der verzweifelte[5] Nachbar verbaute. Das Zimmer ist doch sonst galant[6], und tapeziert –

JUST: Gewesen!

DER WIRT: Nicht doch, die eine Wand ist es noch. Und Sein Stübchen darneben, Herr Just; was fehlt dem Stübchen? Es hat einen Kamin; der zwar im Winter ein wenig raucht – –

JUST: Aber doch im Sommer recht hübsch läßt[7]. – Herr, ich glaube gar, Er vexiert[8] uns noch oben drein? –

DER WIRT: Nu, nu, Herr Just, Herr Just –

JUST: Mache Er Herr Justen den Kopf nicht warm, oder –

DER WIRT: Ich macht ihn warm? der Danziger tuts! –

JUST: Einen Offizier, wie meinen Herrn! Oder meint Er, daß ein abgedankter Offizier nicht auch ein Offizier ist, der Ihm den Hals brechen kann? Warum waret ihr denn im Kriege so geschmeidig, ihr Herren Wirte? Warum war denn da jeder Offizier ein würdiger Mann, und jeder Soldat ein ehrlicher, braver Kerl? Macht euch das Bißchen Friede schon so übermütig?

DER WIRT: Was ereifert Er sich nun, Herr Just? –

JUST: Ich will mich ereifern. – –

---

(5) * verflucht.
(6) * geschmackvoll eingerichtet.
(7) * aussieht.
(8) * hält zum besten.

Dritter Auftritt

VON TELLHEIM. DER WIRT. JUST

VON TELLHEIM *(im Hereintreten):* Just!

JUST *(in der Meinung, daß ihn der Wirt nenne):* Just? –
So bekannt sind wir? –

VON TELLHEIM: Just!

JUST: Ich dächte, ich wäre wohl Herr Just für Ihn!

DER WIRT *(der den Major gewahr wird):* St! st! Herr,
Herr, Herr Just, – seh Er sich doch um; Sein Herr – –

VON TELLHEIM: Just, ich glaube, du zankst? Was habe
ich dir befohlen?

DER WIRT: O, Ihro Gnaden! zanken? da sei Gott vor!
Ihr untertänigster Knecht sollte sich unterstehen, mit
einem, der die Gnade hat, Ihnen anzugehören, zu
zanken?

JUST: Wenn ich ihm doch eins auf den Katzenbuckel geben dürfte! – –

DER WIRT: Es ist wahr, Herr Just spricht für seinen
Herrn, und ein wenig hitzig. Aber daran tut er recht;
ich schätze ihn um so viel höher; ich liebe ihn darum. –

JUST: Daß ich ihm nicht die Zähne austreten soll!

DER WIRT: Nur Schade, daß er sich umsonst erhitzet.
Denn ich bin gewiß versichert, daß Ihro Gnaden keine Ungnade deswegen auf mich geworfen haben, weil
– die Not – mich notwendig –

VON TELLHEIM: Schon zu viel, mein Herr! Ich bin Ihnen
schuldig; Sie räumen mir, in meiner Abwesenheit, das
Zimmer aus; Sie müssen bezahlt werden; ich muß wo
anders unterzukommen suchen. Sehr natürlich! –

DER WIRT: Wo anders? Sie wollen ausziehen, gnädiger
Herr? Ich unglücklicher Mann! ich geschlagner
Mann! Nein, nimmermehr! Eher muß die Dame das
Quartier wieder räumen. Der Herr Major kann ihr,
will ihr sein Zimmer nicht lassen; das Zimmer ist
sein; sie muß fort; ich kann ihr nicht helfen. Ich gehe,
gnädiger Herr – –

VON TELLHEIM: Freund, nicht zwei dumme Streiche für

einen! Die Dame muß in dem Besitze des Zimmers
bleiben. – –

DER WIRT: Und Ihro Gnaden sollten glauben, daß ich
aus Mißtrauen, aus Sorge für meine Bezahlung? – –
Als wenn ich nicht wüßte, daß mich Ihro Gnaden be-   5
zahlen können, so bald Sie nur wollen. – – Das ver-
siegelte Beutelchen, – fünfhundert Taler Louisdor,
stehet darauf, – – welches Ihro Gnaden in dem
Schreibepulte stehen gehabt; – – ist in guter Verwah-
rung. –   10

VON TELLHEIM: Das will ich hoffen; so wie meine übrige
Sachen. – Just soll sie in Empfang nehmen, wenn er
Ihnen die Rechnung bezahlt hat. – –

DER WIRT: Wahrhaftig, ich erschrak recht, als ich das
Beutelchen fand. – Ich habe immer Ihro Gnaden für   15
einen ordentlichen und vorsichtigen Mann gehalten,
der sich niemals ganz ausgibt. – – Aber dennoch, – –
wenn ich bar Geld in dem Schreibepulte vermutet
hätte – –

VON TELLHEIM: Würden Sie höflicher mit mir verfahren   20
sein. Ich verstehe Sie. – Gehen Sie nur, mein Herr;
lassen Sie mich; ich habe mit meinem Bedienten zu
sprechen. – –

DER WIRT: Aber gnädiger Herr – –

VON TELLHEIM: Komm Just, der Herr will nicht erlau-   25
ben, daß ich dir in seinem Hause sage, was du tun
sollst. – –

DER WIRT: Ich gehe ja schon, gnädiger Herr! – Mein
ganzes Haus ist zu Ihren Diensten.

Vierter Auftritt   30

VON TELLHEIM. JUST

JUST (der mit dem Fuße stampft, und dem Wirte nach-
    spuckt): Pfui!

VON TELLHEIM: Was gibts?

JUST: Ich ersticke vor Bosheit.   35

VON TELLHEIM: Das wäre so viel, als an Vollblütigkeit.

JUST: Und Sie, – Sie erkenne ich nicht mehr, mein Herr. Ich sterbe vor Ihren Augen, wenn Sie nicht der Schutzengel dieses hämischen, unbarmherzigen Rakkers[9] sind! Trotz Galgen und Schwert und Rad, hätte ich ihn – hätte ich ihn mit diesen Händen erdrosseln, mit diesen Zähnen zerreißen wollen. –

VON TELLHEIM: Bestie!

JUST: Lieber Bestie, als so ein Mensch!

VON TELLHEIM: Was willst du aber?

JUST: Ich will, daß Sie es empfinden sollen, wie sehr man Sie beleidiget.

VON TELLHEIM: Und dann?

JUST: Daß Sie sich rächten, – Nein, der Kerl ist Ihnen zu gering. –

VON TELLHEIM: Sondern, daß ich es dir auftrüge, mich zu rächen? Das war von Anfang mein Gedanke. Er hätte mich nicht wieder mit Augen sehen, und seine Bezahlung aus deinen Händen empfangen sollen. Ich weiß, daß du eine Hand voll Geld mit einer ziemlich verächtlichen Miene hinwerfen kannst. –

JUST: So? eine vortreffliche Rache! –

VON TELLHEIM: Aber die wir noch verschieben müssen. Ich habe keinen Heller bares Geld mehr; ich weiß auch keines aufzutreiben.

JUST: Kein bares Geld? Und was ist denn das für ein Beutel, mit fünfhundert Taler Louisdor, den der Wirt in Ihrem Schreibepulte gefunden?

VON TELLHEIM: Das ist Geld, welches mir aufzuheben gegeben worden.

JUST: Doch nicht die hundert Pistolen, die Ihnen Ihr alter Wachtmeister vor vier oder fünf Wochen brachte?

VON TELLHEIM: Die nämlichen, von Paul Wernern. Warum nicht?

JUST: Diese haben Sie noch nicht gebraucht? Mein Herr, mit diesen können Sie machen, was Sie wollen. Auf meine Verantwortung –

VON TELLHEIM: Wahrhaftig?

JUST: Werner hörte von mir, wie sehr man Sie mit Ihren

(9) * Schimpfwort (Schinder, Abdecker, Henker).

Forderungen an die Generalkriegskasse aufzieht[10]. Er
hörte –

VON TELLHEIM: Daß ich sicherlich zum Bettler werden
würde, wenn ich es nicht schon wäre. – Ich bin dir
sehr verbunden, Just. – Und diese Nachricht ver- 5
mochte Wernern, sein Bißchen Armut mit mir zu teilen. – Es ist mir doch lieb, daß ich es erraten habe. –
Höre Just, mache mir zugleich auch deine Rechnung;
wir sind geschiedene Leute. – –

JUST: Wie? was? 10

VON TELLHEIM: Kein Wort mehr; es kömmt jemand.

Fünfter Auftritt

EINE DAME *in Trauer*. VON TELLHEIM. JUST

DIE DAME: Ich bitte um Verzeihung, mein Herr! –

VON TELLHEIM: Wen suchen Sie, Madame? – 15

DIE DAME: Eben den würdigen Mann, mit welchem ich
die Ehre habe zu sprechen. Sie kennen mich nicht
mehr? Ich bin die Witwe Ihres ehemaligen Stabsritt-
meisters –

VON TELLHEIM: Um des Himmels willen, gnädige Frau! 20
welche Veränderung! –

DIE DAME: Ich stehe von dem Krankenbette auf, auf das
mich der Schmerz über den Verlust meines Mannes
warf. Ich muß Ihnen früh beschwerlich fallen, Herr
Major. Ich reise auf das Land, wo mir eine gutherzi- 25
ge, aber eben auch nicht glückliche Freundin eine Zuflucht vors erste angeboten. –

VON TELLHEIM *(zu Just):* Geh, laß uns allein. –

Sechster Auftritt

DIE DAME. VON TELLHEIM 30

VON TELLHEIM: Reden Sie frei, gnädige Frau! Vor mir
dürfen Sie sich Ihres Unglücks nicht schämen. Kann
ich Ihnen worin dienen?

(10) * hinhält, warten läßt.

DIE DAME: Mein Herr Major –

VON TELLHEIM: Ich beklage Sie, gnädige Frau! Worin
kann ich Ihnen dienen? Sie wissen, Ihr Gemahl war
mein Freund; mein Freund, sage ich; ich war immer
karg mit diesem Titel.

DIE DAME: Wer weiß es besser, als ich, wie wert Sie seiner Freundschaft waren, wie wert er der Ihrigen war?
Sie würden sein letzter Gedanke, Ihr Name der letzte
Ton seiner sterbenden Lippen gewesen sein, hätte
nicht die stärkere Natur dieses traurige Vorrecht für
seinen unglücklichen Sohn, für seine unglückliche
Gattin gefordert –

VON TELLHEIM: Hören Sie auf, Madame! Weinen wollte
ich mit Ihnen gern; aber ich habe heute keine Tränen.
Verschonen Sie mich! Sie finden mich in einer Stunde, wo ich leicht zu verleiten wäre, wider die
Vorsicht[11] zu murren. – O mein rechtschaffner Marloff! Geschwind, gnädige Frau, was haben Sie zu befehlen? Wenn ich Ihnen zu dienen im Stande bin,
wenn ich es bin –

DIE DAME: Ich darf nicht abreisen, ohne seinen letzten
Willen zu vollziehen. Er erinnerte sich kurz vor seinem Ende, daß er als Ihr Schuldner sterbe, und be-
schwor mich, diese Schuld mit der ersten Barschaft zu
tilgen. Ich habe seine Equipage[12] verkauft, und komme seine Handschrift[13] einzulösen. –

VON TELLHEIM: Wie, gnädige Frau? darum kommen
Sie?

DIE DAME: Darum. Erlauben Sie, daß ich das Geld
aufzähle.

VON TELLHEIM: Nicht doch, Madame! Marloff mir
schuldig? das kann schwerlich sein. Lassen Sie doch

---

(11) * Vorsehung. Das »Murren wider die Vorsicht« spielt auch in L.s
Theorie der Tragödie eine Rolle: Anläßlich von C. F. Weises ›Richard
III.‹ vertritt L. im 79. Stück der ›Hamburgischen Dramaturgie‹ die Auf-
fassung, daß durch solche Zweifel an der letztgültigen Güte Gottes oder
der Vorsehung die Reinheit des Tragischen gefährdet werde.
(12) * (militärische) Ausrüstung.
(13) * hier: Schuldschein.

sehen. *(Er ziehet sein Taschenbuch heraus, und sucht.)*
Ich finde nichts.

DIE DAME: Sie werden seine Handschrift verlegt haben,
und die Handschrift tut nichts zur Sache. – Erlauben
Sie –

VON TELLHEIM: Nein, Madame! so etwas pflege ich
nicht zu verlegen. Wenn ich sie nicht habe, so ist es
ein Beweis, daß ich nie eine gehabt habe, oder daß sie
getilgt, und von mir schon zurück gegeben worden.

DIE DAME: Herr Major!

VON TELLHEIM: Ganz gewiß, gnädige Frau. Marloff ist
mir nichts schuldig geblieben. Ich wüßte mich auch
nicht zu erinnern, daß er mir jemals etwas schuldig
gewesen wäre. Nicht anders, Madame; er hat mich
vielmehr als seinen Schuldner hinterlassen. Ich habe
nie etwas tun können, mich mit einem Manne abzu-
finden[14], der sechs Jahre Glück und Unglück, Ehre
und Gefahr mit mir geteilet. Ich werde es nicht vergessen, daß ein Sohn von ihm da ist. Er wird mein
Sohn sein, so bald ich sein Vater sein kann. Die Verwirrung, in der ich mich jetzt selbst befinde –

DIE DAME: Edelmütiger Mann! Aber denken Sie auch
von mir nicht zu klein. Nehmen Sie das Geld, Herr
Major; so bin ich wenigstens beruhiget. –

VON TELLHEIM: Was brauchen Sie zu Ihrer Beruhigung
weiter, als meine Versicherung, daß mir dieses Geld
nicht gehöret? Oder wollen Sie, daß ich die unerzoge-
ne Waise meines Freundes bestehlen soll? Bestehlen,
Madame; das würde es in dem eigentlichsten Verstande sein. Ihm gehört es; für ihn legen Sie es an. –

DIE DAME: Ich verstehe Sie; verzeihen Sie nur, wenn ich
noch nicht recht weiß, wie man Wohltaten annehmen
muß. Woher wissen es denn aber auch Sie, daß eine
Mutter mehr für ihren Sohn tut, als sie für ihr eigen
Leben tun würde? Ich gehe –

VON TELLHEIM: Gehen Sie, Madame, gehen Sie! Reisen
Sie glücklich! Ich bitte Sie nicht, mir Nachricht von
Ihnen zu geben. Sie möchte mir zu einer Zeit kom-

(14) * hier: dankbar zu erweisen.

men, wo ich sie nicht nutzen könnte. Aber noch eines,
gnädige Frau; bald hätte ich das Wichtigste vergessen. Marloff hat noch an der Kasse unsers ehemaligen Regiments zu fodern. Seine Foderungen sind so
richtig, wie die meinigen. Werden meine bezahlt, so
müssen auch die seinigen bezahlt werden. Ich hafte
dafür. –

DIE DAME: O! mein Herr – Aber ich schweige lieber. –
Künftige Wohltaten so vorbereiten, heißt sie in den
Augen des Himmels schon erwiesen haben. Empfangen Sie seine Belohnung, und meine Tränen! *(Geht
ab.)*

Siebenter Auftritt

VON TELLHEIM

Armes, braves Weib! Ich muß nicht vergessen, den
Bettel zu vernichten. *(Er nimmt aus seinem Taschenbuche Briefschaften, die er zerreißt.)* Wer steht mir dafür, daß eigner Mangel mich nicht einmal verleiten
könnte, Gebrauch davon zu machen?

Achter Auftritt

JUST. VON TELLHEIM

VON TELLHEIM: Bist du da?

JUST *(indem er sich die Augen wischt):* Ja!

VON TELLHEIM: Du hast geweint?

JUST: Ich habe in der Küche meine Rechnung geschrieben, und die Küche ist voll Rauch. Hier ist sie, mein
Herr!

VON TELLHEIM: Gib her.

JUST: Haben Sie Barmherzigkeit mit mir, mein Herr. Ich
weiß wohl, daß die Menschen mit Ihnen keine haben;
aber –

VON TELLHEIM: Was willst du?

JUST: Ich hätte mir ehr den Tod, als meinen Abschied
vermutet.

VON TELLHEIM: Ich kann dich nicht länger brauchen; ich muß mich ohne Bedienten behelfen lernen. *(Schlägt die Rechnung auf, und lieset:)* »Was der Herr Major mir schuldig: Drei und einen halben Monat Lohn, den Monat 6 Taler, macht 21 Taler. Seit dem Ersten dieses, an Kleinigkeiten ausgelegt, 1 Taler 7 Gr. 9 Pf. Summa Summarum, 22 Taler 7 Gr. 9 Pf.« – Gut, und es ist billig, daß ich dir diesen laufenden Monat ganz bezahle.

JUST: Die andere Seite, Herr Major –

VON TELLHEIM: Noch mehr? *(Lieset:)* »Was dem Herrn Major ich schuldig: An den Feldscher[15] für mich bezahlt, 25 Taler. Für Wartung und Pflege, während meiner Kur, für mich bezahlt, 39 Tlr. Meinem abgebrannten und geplünderten Vater, auf meine Bitte, vorgeschossen, ohne die zwei Beutepferde zu rechnen, die er ihm geschenkt, 50 Taler. Summa Summarum, 114 Taler. Davon abgezogen vorstehende 22 Tl. 7 Gr. 9 Pf. bleibe dem Herrn Major schuldig, 91 Tlr. 16 Gr. 3 Pf.« – Kerl, du bist toll! –

JUST: Ich glaube es gern, daß ich Ihnen weit mehr koste. Aber es wäre verlorne Dinte, es dazu zu schreiben. Ich kann Ihnen das nicht bezahlen, und wenn Sie mir vollends die Liverei[16] nehmen, die ich auch noch nicht verdient habe, – so wollte ich lieber, Sie hätten mich in dem Lazarette krepieren lassen.

VON TELLHEIM: Wofür siehst du mich an? Du bist mir nichts schuldig, und ich will dich einem von meinen Bekannten empfehlen, bei dem du es besser haben sollst, als bei mir.

JUST: Ich bin Ihnen nichts schuldig, und doch wollen Sie mich verstoßen?

VON TELLHEIM: Weil ich dir nichts schuldig werden will.

JUST: Darum? nur darum? – So gewiß ich Ihnen schuldig bin, so gewiß Sie mir nichts schuldig werden können, so gewiß sollen Sie mich nun nicht verstoßen. –

---

(15) * militärischer Wundarzt.
(16) * Livree.

Machen Sie, was Sie wollen, Herr Major; ich bleibe
bei Ihnen; ich muß bei Ihnen bleiben. –

VON TELLHEIM: Und deine Hartnäckigkeit, dein Trotz,
dein wildes ungestümes Wesen gegen alle, von denen
du meinest, daß sie dir nichts zu sagen haben, deine
tückische Schadenfreude, deine Rachsucht – –

JUST: Machen Sie mich so schlimm, wie Sie wollen; ich
will darum doch nicht schlechter von mir denken, als
von meinem Hunde. Vorigen Winter ging ich in der
Dämmerung an dem Kanale, und hörte etwas win-
seln. Ich stieg herab, und griff nach der Stimme, und
glaubte ein Kind zu retten, und zog einen Budel aus
dem Wasser. Auch gut; dachte ich. Der Budel kam
mir nach; aber ich bin kein Liebhaber von Budeln.
Ich jagte ihn fort, umsonst; ich prügelte ihn von mir,
umsonst. Ich ließ ihn des Nachts nicht in meine Kam-
mer; er blieb vor der Tür auf der Schwelle. Wo er mir
zu nahe kam, stieß ich ihn mit dem Fuße; er schrie,
sahe mich an, und wedelte mit dem Schwanze. Noch
hat er keinen Bissen Brod aus meiner Hand bekommen; und doch bin ich der einzige, dem er hört, und
der ihn anrühren darf. Er springt vor mir her, und
macht mir seine Künste unbefohlen vor. Es ist ein
häßlicher Budel, aber ein gar zu guter Hund. Wenn er
es länger treibt, so höre ich endlich auf, den Budeln
gram zu sein.

VON TELLHEIM *(bei Seite):* So wie ich ihm! Nein, es gibt
keine völlige Unmenschen! – – Just, wir bleiben beisammen.

JUST: Ganz gewiß! – Sie wollten sich ohne Bedienten behelfen? Sie vergessen Ihrer Blessuren[17], und daß Sie
nur eines Armes mächtig sind. Sie können sich ja
nicht allein ankleiden. Ich bin Ihnen unentbehrlich;
und bin, – – ohne mich selbst zu rühmen, Herr Major
– und bin ein Bedienter, der – wenn das Schlimmste
zum Schlimmen kömmt, – für seinen Herrn betteln
und stehlen kann.

---

(17) * Verwundungen.

VON TELLHEIM: Just, wir bleiben nicht beisammen.
JUST: Schon gut!

Neunter Auftritt

EIN BEDIENTER. VON TELLHEIM. JUST

DER BEDIENTE: Bst! Kamerad! 5

JUST: Was gibts?

DER BEDIENTE: Kann Er mir nicht den Offizier nachwei-
sen, der gestern noch in diesem Zimmer *(auf eines an
der Seite zeigend, von welcher er herkömmt)* gewohnt
hat? 10

JUST: Das dürfte ich leicht können. Was bringt Er ihm?

DER BEDIENTE: Was wir immer bringen, wenn wir nichts
bringen; ein Kompliment. Meine Herrschaft hört,
daß er durch sie verdrängt worden. Meine Herrschaft
weiß zu leben, und ich soll ihn desfalls um Verzei- 15
hung bitten.

JUST: Nun so bitte Er ihn um Verzeihung; da steht er.

DER BEDIENTE: Was ist er? Wie nennt man ihn?

VON TELLHEIM: Mein Freund, ich habe Euern Auftrag
schon gehört. Es ist eine überflüssige Höflichkeit 20
von Eurer Herrschaft, die ich erkenne, wie ich soll.
Macht ihr meinen Empfehl. – Wie heißt Eure Herrschaft? –

DER BEDIENTE: Wie sie heißt? Sie läßt sich gnädiges
Fräulein heißen. 25

VON TELLHEIM: Und ihr Familienname?

DER BEDIENTE: Den habe ich noch nicht gehört, und
darnach zu fragen, ist meine Sache nicht. Ich richte
mich so ein, daß ich, meistenteils aller sechs Wochen,
eine neue Herrschaft habe. Der Henker behalte alle 30
ihre Namen! –

JUST: Bravo, Kamerad!

DER BEDIENTE: Zu dieser bin ich erst vor wenigen Tagen
in Dresden gekommen. Sie sucht, glaube ich, hier ihren Bräutigam. – 35

VON TELLHEIM: Genug, mein Freund. Den Namen Eurer

Herrschaft wollte ich wissen; aber nicht ihre Geheimnisse. Geht nur!

DER BEDIENTE: Kamerad, das wäre kein Herr für mich!

Zehnter Auftritt

5 VON TELLHEIM. JUST

VON TELLHEIM: Mache, Just, mache, daß wir aus diesem
Hause kommen! Die Höflichkeit der fremden Dame
ist mir empfindlicher, als die Grobheit des Wirts.
Hier nimm diesen Ring; die einzige Kostbarkeit, die
10 mir übrig ist; von der ich nie geglaubt hätte, einen
solchen Gebrauch zu machen! – Versetze ihn! laß dir
achtzig Friedrichsdor[18] darauf geben; die Rechnung
des Wirts kann keine dreißig betragen. Bezahle ihn,
und räume meine Sachen – Ja, wohin? – Wohin du
15 willst. Der wohlfeilste Gasthof der beste. Du sollst
mich hier neben an, auf dem Kaffeehause, treffen.
Ich gehe, mache deine Sache gut. –

JUST: Sorgen Sie nicht, Herr Major! –

VON TELLHEIM *(kömmt wieder zurück):* Vor allen Dingen,
20 daß meine Pistolen, die hinter dem Bette gehangen,
nicht vergessen werden.

JUST: Ich will nichts vergessen.

VON TELLHEIM *(kömmt nochmals zurück):* Noch eins:
nimm mir auch deinen Budel mit; hörst du, Just! –

25 ### Elfter Auftritt

JUST

Der Budel wird nicht zurück bleiben. Dafür laß ich
den Budel sorgen. – Hm! auch den kostbaren Ring
hat der Herr noch gehabt? Und trug ihn in der Ta-
30 sche, anstatt am Finger? – Guter Wirt, wir sind so
kahl noch nicht, als wir scheinen. Bei ihm, bei ihm

---

(18) * Taler.

selbst will ich dich versetzen, schönes Ringelchen!
Ich weiß, er ärgert sich, daß du in seinem Hause nicht
ganz sollst verzehrt werden! – Ah –

Zwölfter Auftritt

PAUL WERNER. JUST   5

JUST: Sieh da, Werner! guten Tag, Werner! willkommen
  in der Stadt!
WERNER: Das verwünschte Dorf! Ich kanns unmöglich
  wieder gewohnt werden. Lustig, Kinder, lustig; ich
  bringe frisches Geld! Wo ist der Major?   10
JUST: Er muß dir begegnet sein; er ging eben die Treppe
  herab.
WERNER: Ich komme die Hintertreppe herauf. Nun wie
  gehts ihm? Ich wäre schon vorige Woche bei euch ge-
  wesen, aber –   15
JUST: Nun? was hat dich abgehalten? –
WERNER: – Just, – hast du von dem Prinzen Heraklius[19]
  gehört?
JUST: Heraklius? Ich wüßte nicht.
WERNER: Kennst du den großen Helden im Morgenlan-   20
  de nicht?
JUST: Die Weisen aus dem Morgenlande kenn ich wohl,
  die ums Neujahr mit dem Sterne herumlaufen. – –
WERNER: Mensch, ich glaube, du liesest eben so wenig
  die Zeitungen, als die Bibel? – Du kennst den Prinz   25
  Heraklius nicht? den braven Mann nicht, der Persien
  weggenommen[20], und nächster Tage die Ottomanni-
  sche Pforte[21] einsprengen wird? Gott sei Dank, daß
  doch noch irgendwo in der Welt Krieg ist! Ich habe
  lange genug gehofft, es sollte hier wieder losgehen.   30

---

(19) * Erekle, Irakli, letzter Fürst von Kacheti und (seit 1760) von
Karthli (das vorher unter persischem Schutz gestanden hatte), in Georgien.
(20) * Historisch unrichtig, Heraklius befreite lediglich seine Territo-
rien (s. o.) von persischer Botmäßigkeit.
(21) Im engeren Sinne das Tor des Sultanspalasts in Konstantinopel;   35
übertragen: Herrschaft der Türken (Ottomanen).

Aber da sitzen sie, und heilen sich die Haut. Nein,
Soldat war ich, Soldat muß ich wieder sein! Kurz, – *(indem er sich schüchtern umsieht, ob ihn jemand behorcht)*
im Vertrauen, Just; ich wandere nach Persien, um un-
5   ter Sr. Königlichen Hoheit, dem Prinzen Heraklius,
ein Paar Feldzüge wider den Türken zu machen.

JUST: Du?

WERNER: Ich, wie du mich hier siehst! Unsere Vorfahren
zogen fleißig wider den Türken; und das sollten wir
10   noch tun, wenn wir ehrliche Kerls, und gute Christen
wären. Freilich begreife ich wohl, daß ein Feldzug wider den Türken nicht halb so lustig sein kann, als einer wider den Franzosen; aber dafür muß er auch desto verdienstlicher sein, in diesem und in jenem Le-
15   ben. Die Türken haben dir alle Säbels, mit Diaman-
ten besetzt –

JUST: Um mir von so einem Säbel den Kopf spalten zu
lassen, reise ich nicht eine Meile. Du wirst doch nicht
toll sein, und dein schönes Schulzengerichte[22] verlas-
20   sen? –

WERNER: O, das nehme ich mit! – Merkst du was? – Das
Gütchen ist verkauft –

JUST: Verkauft?

WERNER: St! – hier sind hundert Dukaten[23], die ich ge-
25   stern auf den Kauf bekommen; die bring ich dem
Major –

JUST: Und was soll der damit?

WERNER: Was er damit soll? Verzehren soll er sie; ver-
spielen, vertrinken, ver – wie er will. Der Mann muß
30   Geld haben, und es ist schlecht genug, daß man ihm
das seinige so sauer macht! Aber ich wüßte schon,
was ich täte, wenn ich an seiner Stelle wäre! Ich dächte: hol euch hier alle der Henker; und ginge mit Paul
Wernern, nach Persien! – Blitz! – der Prinz Heraklius

---

35   (22) * Ein Gut, dessen Besitzer befugt war, die Funktionen eines
Schulzen (dörflichen Bürgermeisters und Richters) auszuüben, und
nicht zu Hand- und Spanndiensten (gegenüber einem adeligen Grund-
herrn) verpflichtet war.
(23) * Ein Dukaten war damals etwa drei Taler wert.

muß ja wohl von dem Major Tellheim gehört haben;
wenn er auch schon seinen gewesenen Wachtmeister,
Paul Wernern, nicht kennt. Unsere Affaire bei den
Katzenhäusern[24] –

JUST: Soll ich dir die erzählen? –

WERNER: Du mir? – Ich merke wohl, daß eine schöne
Disposition[25] über deinen Verstand geht! Ich will
meine Perlen nicht vor die Säue werfen. – Da nimm
die hundert Dukaten; gib sie dem Major. Sage ihm: er
soll mir auch die aufheben. Ich muß jetzt auf den
Markt; ich habe zwei Winspel[26] Rocken[27] herein
geschickt; was ich daraus löse, kann er gleichfalls haben. –

JUST: Werner, du meinest es herzlich gut; aber wir mögen dein Geld nicht. Behalte deine Dukaten, und deine hundert Pistolen kannst du auch unversehrt wieder
bekommen, sobald als du willst. –

WERNER: So? hat denn der Major noch Geld?

JUST: Nein.

WERNER: Hat er sich wo welches geborgt?

JUST: Nein.

WERNER: Und wovon lebt ihr denn?

JUST: Wir lassen anschreiben, und wenn man nicht mehr
anschreiben will, und uns zum Hause herauswirft, so
versetzen wir, was wir noch haben, und ziehen weiter.
– Höre nur, Paul; dem Wirte hier müssen wir einen
Possen spielen.

WERNER: Hat er dem Major was in den Weg gelegt? –
Ich bin dabei! –

JUST: Wie wärs, wenn wir ihm des Abends, wenn er aus
der Tabagie[28] kömmt, aufpaßten, und ihn brav
durchprügelten? –

(24) * Anspielung auf Zusammenstöße der Preußen und Österreicher
bei dem Dorf Katzenberg in der Nähe von Meißen während des Siebenjährigen Krieges, 1759/62.
(25) * hier: Schlachtplan.
(26) * Auch Wispel; Getreidemaß, das in Norddeutschland üblich war;
der Inhalt wechselte je nach der Gegend.
(27) * Roggen.
(28) * Tabakskneipe.

WERNER: Des Abends? – aufpaßten? – ihrer zwei, einem? – Das ist nichts. –

JUST: Oder, wenn wir ihm das Haus über dem Kopf ansteckten? –

5 WERNER: Sengen und brennen? – Kerl, man hörts, daß du Packknecht gewesen bist, und nicht Soldat; – pfui!

JUST: Oder, wenn wir ihm seine Tochter zur Hure[29] machten? Sie ist zwar verdammt häßlich –

WERNER: O, da wird sies lange schon sein! Und allen-
10 falls brauchst du auch hierzu keinen Gehülfen. Aber was hast du denn? Was gibts denn?

JUST: Komm nur, du sollst dein Wunder hören!

WERNER: So ist der Teufel wohl hier gar los?

JUST: Ja wohl; komm nur!

15 WERNER: Desto besser! Nach Persien also, nach Persien!

Ende des ersten Aufzugs

(29) * Das Wort erregte beim zeitgenössischen Publikum Anstoß. Wie Karl Lessing seinem Bruder am 22. März 1768 über die Berliner Auf-führung schreibt, »erstickte« der Darsteller des Just »das abscheuliche
20 Wort« »halb im Munde«. Darauf bezieht sich L.s Bemerkung in der kurzen Nachlaß-Notiz »Delikatesse«: »Man hat über das Wort *Hure* in meiner Minna geschrieen. Der Schauspieler hat es sich nicht einmal unterstehen wollen zu sagen. Immerhin; ich werde es nicht ausstrei-chen, und werde es überall wieder brauchen, wo ich glaube, daß es hin-
25 gehört.«

Zweiter Aufzug

Erster Auftritt

MINNA VON BARNHELM. FRANZISKA
(Die Szene ist in dem Zimmer des Fräuleins)
DAS FRÄULEIN *(im Negligee, nach ihrer Uhr sehend):* ⁵
Franziska, wir sind auch sehr früh aufgestanden. Die
Zeit wird uns lang werden.
FRANZISKA: Wer kann in den verzweifelten³⁰ großen
Städten schlafen? Die Karossen, die Nachtwächter,
die Trommeln, die Katzen, die Korporals – das hört ¹⁰
nicht auf zu rasseln, zu schreien, zu wirbeln, zu mau-
en, zu fluchen; gerade, als ob die Nacht zu nichts we-
niger wäre, als zur Ruhe. – Eine Tasse Tee, gnädiges
Fräulein? –
DAS FRÄULEIN: Der Tee schmeckt mir nicht. – ¹⁵
FRANZISKA: Ich will von unserer Schokolate machen
lassen.
DAS FRÄULEIN: Laß machen, für dich!
FRANZISKA: Für mich? Ich wollte eben so gern für mich
allein plaudern, als für mich allein trinken. – Freilich ²⁰
wird uns die Zeit so lang werden. – Wir werden, vor
langer Weile, uns putzen müssen, und das Kleid versuchen, in welchem wir den ersten Sturm geben wollen.
DAS FRÄULEIN: Was redest du von Stürmen, da ich bloß ²⁵
herkomme, die Haltung der Kapitulation zu fordern?
FRANZISKA: Und der Herr Offizier, den wir vertrieben,
und dem wir das Kompliment darüber machen lassen; er muß auch nicht die feinste Lebensart haben;
sonst hätte er wohl um die Ehre können bitten lassen, ³⁰
uns seine Aufwartung machen zu dürfen. –
DAS FRÄULEIN: Es sind nicht alle Offiziere Tellheims.
Die Wahrheit zu sagen, ich ließ ihm das Kompliment
auch bloß machen, um Gelegenheit zu haben, mich

---

(30) * verflucht. ³⁵

nach diesem bei ihm zu erkundigen. – Franziska,
mein Herz sagt es mir, daß meine Reise glücklich sein
wird, daß ich ihn finden werde. –

FRANZISKA: Das Herz, gnädiges Fräulein? Man traue
doch ja seinem Herzen nicht zu viel. Das Herz redet
uns gewaltig gern nach dem Maule. Wenn das Maul
eben so geneigt wäre, nach dem Herzen zu reden, so
wäre die Mode längst aufgekommen, die Mäuler unterm Schlosse zu tragen.

DAS FRÄULEIN: Ha! ha! mit deinen Mäulern unterm
Schlosse! Die Mode wäre mir eben recht!

FRANZISKA: Lieber die schönsten Zähne nicht gezeigt, als
alle Augenblicke das Herz darüber springen lassen!

DAS FRÄULEIN: Was? bist du so zurückhaltend? –

FRANZISKA: Nein, gnädiges Fräulein; sondern ich wollte
es gern mehr sein. Man spricht selten von der Tugend,
die man hat; aber desto öfter von der, die uns fehlt.

DAS FRÄULEIN: Siehst du, Franziska? da hast du eine
sehr gute Anmerkung gemacht. –

FRANZISKA: Gemacht? macht man das, was einem so
einfällt? –

DAS FRÄULEIN: Und weißt du, warum ich eigentlich diese Anmerkung so gut finde? Sie hat viele Beziehung
auf meinen Tellheim.

FRANZISKA: Was hätte bei Ihnen nicht auch Beziehung
auf ihn?

DAS FRÄULEIN: Freund und Feind sagen, daß er der tap-
ferste Mann von der Welt ist. Aber wer hat ihn von
Tapferkeit jemals reden hören? Er hat das rechtschaf-
fenste Herz, aber Rechtschaffenheit und Edelmut
sind Worte, die er nie auf die Zunge bringt.

FRANZISKA: Von was für Tugenden spricht er denn?

DAS FRÄULEIN: Er spricht von keiner; denn ihm fehlt
keine.

FRANZISKA: Das wollte ich nur hören.

DAS FRÄULEIN: Warte, Franziska; ich besinne mich. Er
spricht sehr oft von Ökonomie. Im Vertrauen, Franziska; ich glaube, der Mann ist ein Verschwender.

FRANZISKA: Noch eins, gnädiges Fräulein. Ich habe ihn

auch sehr oft der Treue und Beständigkeit gegen Sie erwähnen hören. Wie, wenn der Herr auch ein Flattergeist wäre?

DAS FRÄULEIN: Du Unglückliche! – Aber meinest du das im Ernste, Franziska?

FRANZISKA: Wie lange hat er Ihnen nun schon nicht geschrieben?

DAS FRÄULEIN: Ach! seit dem Frieden hat er mir nur ein einzigesmal geschrieben.

FRANZISKA: Auch ein Seufzer wider den Frieden! Wunderbar! der Friede sollte nur das Böse wieder gut machen, das der Krieg gestiftet, und er zerrüttet auch das Gute, was dieser sein Gegenpart etwa noch veranlasset hat. Der Friede sollte so eigensinnig nicht sein! – Und wie lange haben wir schon Friede? Die Zeit wird einem gewaltig lang, wenn es so wenig Neuigkeiten gibt. – Umsonst gehen die Posten wieder richtig; niemand schreibt; denn niemand hat was zu schreiben.

DAS FRÄULEIN: Es ist Friede, schrieb er mir, und ich nähere mich der Erfüllung meiner Wünsche. Aber, daß er mir dieses nur einmal, nur ein einzigesmal geschrieben –

FRANZISKA: Daß er uns zwingt, dieser Erfüllung der Wünsche selbst entgegen zu eilen: finden wir ihn nur; das soll er uns entgelten! – Wenn indes der Mann doch Wünsche erfüllt hätte, und wir erführen hier –

DAS FRÄULEIN *(ängstlich und hitzig):* Daß er tod wäre?

FRANZISKA: Für Sie, gnädiges Fräulein; in den Armen einer andern. –

DAS FRÄULEIN: Du Quälgeist! Warte, Franziska, er soll dir es gedenken! – Doch schwatze nur; sonst schlafen wir wieder ein. – Sein Regiment ward nach dem Frieden zerrissen. Wer weiß, in welche Verwirrung von Rechnungen und Nachweisungen er dadurch geraten? Wer weiß, zu welchem andern Regimente, in welche entlegne Provinz, er versetzt worden? Wer weiß, welche Umstände – Es pocht jemand.

FRANZISKA: Herein!

Zweiter Auftritt

DER WIRT. DIE VORIGEN

DER WIRT *(den Kopf voransteckend):* Ist es erlaubt, meine gnädige Herrschaft?

5 FRANZISKA: Unser Herr Wirt? – Nur vollends herein.

DER WIRT *(mit einer Feder hinter dem Ohre, ein Blatt Papier und Schreibzeug in der Hand):* Ich komme, gnädiges Fräulein, Ihnen einen untertänigen guten Morgen zu wünschen, – *(zur Franziska)* und auch Ihr, mein

10 schönes Kind, –

FRANZISKA: Ein höflicher Mann!

DAS FRÄULEIN: Wir bedanken uns.

FRANZISKA: Und wünschen Ihm auch einen guten Morgen.

15 DER WIRT: Darf ich mich unterstehen zu fragen, wie Ihro Gnaden die erste Nacht unter meinem schlechten Dache geruhet? –

FRANZISKA: Das Dach ist so schlecht nicht, Herr Wirt; aber die Betten hätten besser sein können.

20 DER WIRT: Was höre ich? Nicht wohl geruht? Vielleicht, daß die gar zu große Ermüdung von der Reise –

DAS FRÄULEIN: Es kann sein.

DER WIRT: Gewiß, gewiß! denn sonst – Indes sollte etwas nicht vollkommen nach Ihro Gnaden Bequem-

25 lichkeit gewesen sein, so geruhen Ihro Gnaden, nur zu befehlen.

FRANZISKA: Gut, Herr Wirt, gut! Wir sind auch nicht blöde; und am wenigsten muß man im Gasthofe blöde sein. Wir wollen schon sagen, wie wir es gern hät-

30 ten.

DER WIRT: Hiernächst komme ich zugleich – *(indem er die Feder hinter dem Ohr hervorzieht)*

FRANZISKA: Nun? –

DER WIRT: Ohne Zweifel kennen Ihro Gnaden schon die

35 weisen Verordnungen unserer Polizei. –

DAS FRÄULEIN: Nicht im geringsten, Herr Wirt –

DER WIRT: Wir Wirte sind angewiesen, keinen Fremden, wes Standes und Geschlechts er auch sei, vier und zwanzig Stunden zu behausen, ohne seinen Namen, Heimat, Charakter[31], hiesige Geschäfte, vermutliche Dauer des Aufenthalts, und so weiter, gehörigen Orts schriftlich einzureichen.

DAS FRÄULEIN: Sehr wohl.

DER WIRT: Ihro Gnaden werden also sich gefallen lassen – *(indem er an einen Tisch tritt, und sich fertig macht, zu schreiben)*

DAS FRÄULEIN: Sehr gern. – Ich heiße –

DER WIRT: Einen kleinen Augenblick Geduld! – *(Er schreibt.)* »Dato[32], den 22. August a. c.[33] allhier zum Könige von Spanien angelangt« – Nun Dero Namen, gnädiges Fräulein?

DAS FRÄULEIN: Das Fräulein von Barnhelm.

DER WIRT *(schreibt):* »von Barnhelm« – Kommend? woher, gnädiges Fräulein?

DAS FRÄULEIN: Von meinen Gütern aus Sachsen.

DER WIRT *(schreibt):* »Gütern aus Sachsen« – Aus Sachsen! Ei, ei aus Sachsen, gnädiges Fräulein? aus Sachsen?

FRANZISKA: Nun? warum nicht? Es ist doch wohl hier zu Lande keine Sünde, aus Sachsen[34] zu sein?

DER WIRT: Eine Sünde? behüte! das wäre ja eine ganz neue Sünde! – Aus Sachsen also? Ei, ei! aus Sachsen! das liebe Sachsen! – Aber wo mir recht ist, gnädiges Fräulein, Sachsen ist nicht klein, und hat mehrere, – wie soll ich es nennen? – Distrikte, Provinzen. – Unsere Polizei ist sehr exakt, gnädiges Fräulein. –

DAS FRÄULEIN: Ich verstehe: von meinen Gütern aus Thüringen also.

DER WIRT: Aus Thüringen! Ja, das ist besser, gnädiges Fräulein, das ist genauer! – *(Schreibt und liest:)* »Das Fräulein von Barnhelm, kommend von ihren Gütern aus Thüringen, nebst einer Kammerfrau und zwei Bedienten« –

---

(31) * hier: Titel, Stellung.   (32) * heute.
(33) * des laufenden Jahres.
(34) * Anspielung auf die Gegnerschaft der Preußen und Sachsen im Siebenjährigen Kriege.

FRANZISKA: Einer Kammerfrau? das soll ich wohl sein?

DER WIRT: Ja, mein schönes Kind. –

FRANZISKA: Nun, Herr Wirt, so setzen Sie anstatt Kammerfrau, Kammerjungfer. – Ich höre, die Polizei ist sehr exakt; es möchte ein Mißverständnis geben, welches mir bei meinem Aufgebote einmal Händel machen könnte. Denn ich bin wirklich noch Jungfer, und heiße Franziska; mit dem Geschlechtsnamen, Willig; Franziska Willig. Ich bin auch aus Thüringen. Mein Vater war Müller auf einem von den Gütern des gnädigen Fräuleins. Es heißt klein Rammsdorf. Die Mühle hat jetzt mein Bruder. Ich kam sehr jung auf den Hof[35], und ward mit dem gnädigen Fräulein erzogen. Wir sind von einem Alter; künftige Lichtmeß ein und zwanzig Jahr. Ich habe alles gelernt, was das gnädige Fräulein gelernt hat. Es soll mir lieb sein, wenn mich die Polizei recht kennt.

DER WIRT: Gut, mein schönes Kind; das will ich mir auf weitere Nachfrage merken – Aber nunmehr, gnädiges Fräulein, Dero Verrichtungen allhier?

DAS FRÄULEIN: Meine Verrichtungen?

DER WIRT: Suchen Ihro Gnaden etwas bei des Königs Majestät?

DAS FRÄULEIN: O, nein!

DER WIRT: Oder bei unsern hohen Justizkollegiis?

DAS FRÄULEIN: Auch nicht.

DER WIRT: Oder –

DAS FRÄULEIN: Nein, nein. Ich bin lediglich in meinen eigenen Angelegenheiten hier.

DER WIRT: Ganz wohl, gnädiges Fräulein; aber wie nennen sich diese eigne Angelegenheiten?

DAS FRÄULEIN: Sie nennen sich – Franziska, ich glaube wir werden vernommen.

FRANZISKA: Herr Wirt, die Polizei wird doch nicht die Geheimnisse eines Frauenzimmers zu wissen verlangen?

DER WIRT: Allerdings, mein schönes Kind: die Polizei will alles, alles wissen; und besonders Geheimnisse.

---

(35) * Herrenhaus (des Guts- und Gerichtsherrn).

FRANZISKA: Ja nun, gnädiges Fräulein; was ist zu tun? –
So hören Sie nur, Herr Wirt; – aber daß es ja unter
uns und der Polizei bleibt! –
DAS FRÄULEIN: Was wird ihm die Närrin sagen?
FRANZISKA: Wir kommen, dem Könige einen Offizier 5
wegzukapern –
DER WIRT: Wie? was? Mein Kind! mein Kind! –
FRANZISKA: Oder uns von dem Offiziere kapern zu lassen. Beides ist eins.
DAS FRÄULEIN: Franziska, bist du toll? – Herr Wirt, die 10
Nasenweise hat Sie zum besten. –
DER WIRT: Ich will nicht hoffen! Zwar mit meiner We-
nigkeit kann sie scherzen so viel, wie sie will; nur mit
einer hohen Polizei –
DAS FRÄULEIN: Wissen Sie was, Herr Wirt? – Ich weiß 15
mich in dieser Sache nicht zu nehmen. Ich dächte, Sie
ließen die ganze Schreiberei bis auf die Ankunft meines Oheims. Ich habe Ihnen schon gestern gesagt,
warum er nicht mit mir zugleich angekommen. Er
verunglückte, zwei Meilen von hier, mit seinem Wa- 20
gen; und wollte durchaus nicht, daß mich dieser Zufall eine Nacht mehr kosten sollte. Ich mußte also
voran. Wenn er vier und zwanzig Stunden nach mir
eintrifft, so ist es das längste.
DER WIRT: Nun ja, gnädiges Fräulein, so wollen wir ihn 25
erwarten.
DAS FRÄULEIN: Er wird auf Ihre Fragen besser antworten können. Er wird wissen, wem, und wie weit er
sich zu entdecken hat; was er von seinen Geschäften
anzeigen muß, und was er davon verschweigen darf. 30
DER WIRT: Desto besser! Freilich, freilich kann man von
einem jungen Mädchen *(die Franziska mit einer bedeutenden Miene ansehend)* nicht verlangen, daß es
eine ernsthafte Sache, mit ernsthaften Leuten, ernsthaft traktiere – 35
DAS FRÄULEIN: Und die Zimmer für ihn, sind doch in
Bereitschaft, Herr Wirt?
DER WIRT: Völlig, gnädiges Fräulein, völlig; bis auf das
eine –

FRANZISKA: Aus dem Sie vielleicht auch noch erst einen ehrlichen Mann vertreiben müssen?

DER WIRT: Die Kammerjungfern aus Sachsen, gnädiges Fräulein, sind wohl sehr mitleidig. –

5 DAS FRÄULEIN: Doch, Herr Wirt; das haben Sie nicht gut gemacht. Lieber hätten Sie uns nicht einnehmen sollen.

DER WIRT: Wie so, gnädiges Fräulein, wie so?

DAS FRÄULEIN: Ich höre, daß der Offizier, welcher durch
10 uns verdrängt worden –

DER WIRT: Ja nur ein abgedankter Offizier ist, gnädiges Fräulein. –

DAS FRÄULEIN: Wenn schon! –

DER WIRT: Mit dem es zu Ende geht. –

15 DAS FRÄULEIN: Desto schlimmer! Er soll ein sehr verdienter Mann sein.

DER WIRT: Ich sage Ihnen ja, daß er abgedankt ist.

DAS FRÄULEIN: Der König kann nicht alle verdiente Männer kennen.

20 DER WIRT: O gewiß, er kennt sie, er kennt sie alle. –

DAS FRÄULEIN: So kann er sie nicht alle belohnen.

DER WIRT: Sie wären alle belohnt, wenn sie darnach gelebt hätten. Aber so lebten die Herren, während des Krieges, als ob ewig Krieg bleiben würde; als ob das
25 Dein und Mein ewig aufgehoben sein würde. Jetzt liegen alle Wirtshäuser und Gasthöfe von ihnen voll; und ein Wirt hat sich wohl mit ihnen in Acht zu nehmen. Ich bin mit diesem noch so ziemlich weggekommen. Hatte er gleich kein Geld mehr, so hatte er doch
30 noch Geldeswert; und zwei, drei Monate hätte ich ihn freilich noch ruhig können sitzen lassen. Doch besser ist besser. – A propos, gnädiges Fräulein; Sie verstehen sich doch auf Juwelen? –

DAS FRÄULEIN: Nicht sonderlich.

35 DER WIRT: Was sollten Ihro Gnaden nicht? – Ich muß Ihnen einen Ring zeigen, einen kostbaren Ring. Zwar gnädiges Fräulein haben da auch einen sehr schönen am Finger, und je mehr ich ihn betrachte, je mehr muß ich mich wundern, daß er dem meinigen so ähn-

lich ist. – O! sehen Sie doch, sehen Sie doch! *(indem er ihn aus dem Futteral heraus nimmt, und der Fräulein zureicht:)* Welch ein Feuer! der mittelste Brillant allein, wiegt über fünf Karat.

DAS FRÄULEIN *(ihn betrachtend):* Wo bin ich? was seh ich? Dieser Ring –

DER WIRT: Ist seine fünfzehnhundert Taler unter Brüdern wert.

DAS FRÄULEIN: Franziska! – Sieh doch! –

DER WIRT: Ich habe mich auch nicht einen Augenblick bedacht, achtzig Pistolen darauf zu leihen.

DAS FRÄULEIN: Erkennst du ihn nicht, Franziska?

FRANZISKA: Der nämliche! – Herr Wirt, wo haben Sie diesen Ring her? –

DER WIRT: Nun, mein Kind? Sie hat doch wohl kein Recht daran?

FRANZISKA: Wir kein Recht an diesem Ringe? – Inwärts auf dem Kasten[36] muß der Fräulein verzogener[37] Name stehn. – Weisen Sie doch, Fräulein.

DAS FRÄULEIN: Er ists, er ists! – Wie kommen Sie zu diesem Ringe, Herr Wirt?

DER WIRT: Ich? auf die ehrlichste Weise von der Welt. – Gnädiges Fräulein, gnädiges Fräulein, Sie werden mich nicht in Schaden und Unglück bringen wollen? Was weiß ich, wo sich der Ring eigentlich herschreibt? Währendes Krieges hat manches seinen Herrn, sehr oft, mit und ohne Vorbewußt des Herrn, verändert. Und Krieg war Krieg. Es werden mehr Ringe aus Sachsen über die Grenze gegangen sein. – Geben Sie mir ihn wieder, gnädiges Fräulein, geben Sie mir ihn wieder!

FRANZISKA: Erst geantwortet: von wem haben Sie ihn?

DER WIRT: Von einem Manne, dem ich so was nicht zutrauen kann; von einem sonst guten Manne –

DAS FRÄULEIN: Von dem besten Manne unter der Sonne, wenn Sie ihn von seinem Eigentümer haben. –

---

(36) * Einfassung des Steins.
(37) * in verschlungenen Buchstaben.

Geschwind bringen Sie mir den Mann! Er ist es
selbst, oder wenigstens muß er ihn kennen.
DER WIRT: Wer denn? wen denn, gnädiges Fräulein?
FRANZISKA: Hören Sie denn nicht? unsern Major.
5 DER WIRT: Major? Recht, er ist Major, der dieses Zimmer
vor Ihnen bewohnt hat, und von dem ich ihn habe.
DAS FRÄULEIN: Major von Tellheim?
DER WIRT: Von Tellheim; ja! Kennen Sie ihn?
DAS FRÄULEIN: Ob ich ihn kenne? Er ist hier? Tellheim
10 ist hier? Er, er hat in diesem Zimmer gewohnt? Er, er
hat Ihnen diesen Ring versetzt? Wo kommt der Mann
in diese Verlegenheit? Wo ist er? Er ist Ihnen schul-
dig? – – Franziska, die Schatulle her! Schließ auf!
(Indem sie Franziska auf den Tisch setzet, und öffnet:)
15 Was ist er Ihnen schuldig? Wem ist er mehr schuldig?
Bringen Sie mir alle seine Schuldner[38]. Hier ist Geld.
Hier sind Wechsel. Alles ist sein!
DER WIRT: Was höre ich?
DAS FRÄULEIN: Wo ist er? wo ist er?
20 DER WIRT: Noch vor einer Stunde war er hier.
DAS FRÄULEIN: Häßlicher Mann, wie konnten Sie gegen
ihn so unfreundlich, so hart, so grausam sein?
DER WIRT: Ihro Gnaden verzeihen –
DAS FRÄULEIN: Geschwind, schaffen Sie mir ihn zur
25 Stelle.
DER WIRT: Sein Bedienter ist vielleicht noch hier. Wollen
Ihro Gnaden, daß er ihn aufsuchen soll?
DAS FRÄULEIN: Ob ich will? Eilen Sie, laufen Sie; für
diesen Dienst allein, will ich es vergessen, wie
30 schlecht Sie mit ihm umgegangen sind. –
FRANZISKA: Fix, Herr Wirt, hurtig, fort, fort! *(Stößt ihn
heraus.)*

Dritter Auftritt

DAS FRÄULEIN. FRANZISKA
35 DAS FRÄULEIN: Nun habe ich ihn wieder, Franziska!
Siehst du, nun habe ich ihn wieder! Ich weiß nicht,

---

(38) * hier: Gläubiger.

wo ich vor Freuden bin! Freue dich doch mit, liebe
Franziska. Aber freilich, warum du? Doch du sollst
dich, du mußt dich mit mir freuen. Komm, Liebe, ich
will dich beschenken, damit du dich mit mir freuen
kannst. Sprich, Franziska, was soll ich dir geben? 5
Was steht dir von meinen Sachen an? Was hättest du
gern? Nimm, was du willst; aber freue dich nur. Ich
sehe wohl, du wirst dir nichts nehmen. Warte! *(Sie
faßt in die Schatulle:)* da, liebe Franziska; *(und gibt ihr
Geld)* kaufe dir, was du gern hättest. Fordere mehr, 10
wenn es nicht zulangt. Aber freue dich nur mit mir.
Es ist so traurig, sich allein zu freuen. Nun, so nimm
doch –

FRANZISKA: Ich stehle es Ihnen, Fräulein; Sie sind trunken, von Fröhlichkeit trunken. – 15

DAS FRÄULEIN: Mädchen, ich habe einen zänkischen
Rausch, nimm, oder – *(Sie zwingt ihr das Geld in die
Hand.)* Und wenn du dich bedankest! – Warte; gut,
daß ich daran denke. *(Sie greift nochmals in die Schatulle nach Geld.)* Das, liebe Franziska, stecke bei Sei- 20
te; für den ersten blessierten armen Soldaten, der uns
anspricht. –

Vierter Auftritt

DER WIRT. DAS FRÄULEIN. FRANZISKA
DAS FRÄULEIN: Nun? Wird er kommen? 25
DER WIRT: Der widerwärtige, ungeschliffene Kerl!
DAS FRÄULEIN: Wer?
DER WIRT: Sein Bedienter. Er weigert sich, nach ihm zu
gehen.
FRANZISKA: Bringen Sie doch den Schurken her. – Des 30
Majors Bediente kenne ich ja wohl alle. Welcher wäre
denn das?
DAS FRÄULEIN: Bringen Sie ihn geschwind her. Wenn er
uns sieht, wird er schon gehen. *(Der Wirt geht ab.)*

Fünfter Auftritt

DAS FRÄULEIN. FRANZISKA
DAS FRÄULEIN: Ich kann den Augenblick nicht erwarten.
    Aber, Franziska, du bist noch immer so kalt? Du
5   willst dich noch nicht mit mir freuen?
FRANZISKA: Ich wollte von Herzen gern; wenn nur –
DAS FRÄULEIN: Wenn nur?
FRANZISKA: Wir haben den Mann wiedergefunden; aber
    wie haben wir ihn wiedergefunden? Nach allem, was
10   wir von ihm hören, muß es ihm übel gehn. Er muß
    unglücklich sein. Das jammert mich.
DAS FRÄULEIN: Jammert dich? – Laß dich dafür umar-
    men, meine liebste Gespielin! Das will ich dir nie ver-
    gessen! – Ich bin nur verliebt, und du bist gut. –

15 **Sechster Auftritt**

DER WIRT. JUST. DIE VORIGEN
DER WIRT: Mit genauer Not bring ich ihn.
FRANZISKA: Ein fremdes Gesicht! Ich kenne ihn nicht.
DAS FRÄULEIN: Mein Freund, ist Er bei dem Major von
20   Tellheim?
JUST: Ja.
DAS FRÄULEIN: Wo ist Sein Herr?
JUST: Nicht hier.
DAS FRÄULEIN: Aber Er weiß ihn zu finden?
25 JUST: Ja.
DAS FRÄULEIN: Will Er ihn nicht geschwind herholen?
JUST: Nein.
DAS FRÄULEIN: Er erweiset mir damit einen Gefallen. –
JUST: Ei!
30 DAS FRÄULEIN: Und Seinem Herrn einen Dienst. –
JUST: Vielleicht auch nicht. –
DAS FRÄULEIN: Woher vermutet Er das?
JUST: Sie sind doch die fremde Herrschaft, die ihn die-
    sen Morgen komplimentieren lassen?
35 DAS FRÄULEIN: Ja.

34   II, 5, 6

JUST: So bin ich schon recht.

DAS FRÄULEIN: Weiß Sein Herr meinen Namen?

JUST: Nein; aber er kann die allzu höflichen Damen eben so wenig leiden, als die allzu groben Wirte.

DER WIRT: Das soll wohl mit auf mich gehn? 5

JUST: Ja.

DER WIRT: So laß Er es doch dem gnädigen Fräulein nicht entgelten; und hole Er ihn geschwind her.

DAS FRÄULEIN *(zur Franziska):* Franziska, gib ihm etwas –

FRANZISKA *(die dem Just Geld in die Hand drücken will):* 10 Wir verlangen Seine Dienste nicht umsonst. –

JUST: Und ich Ihr Geld nicht ohne Dienste.

FRANZISKA: Eines für das andere.

JUST: Ich kann nicht. Mein Herr hat mir befohlen, auszuräumen. Das tu ich jetzt, und daran, bitte ich, mich 15 nicht weiter zu verhindern. Wenn ich fertig bin, so will ich es ihm ja wohl sagen, daß er herkommen kann. Er ist neben an auf dem Kaffeehause; und wenn er da nichts Bessers zu tun findet, wird er auch wohl kommen. *(Will fortgehen.)* 20

FRANZISKA: So warte Er doch! – Das gnädige Fräulein ist des Herrn Majors – Schwester. –

DAS FRÄULEIN: Ja, ja, seine Schwester.

JUST: Das weiß ich besser, daß der Major keine Schwester hat. Er hat mich in sechs Monaten zweimal an 25 seine Familie nach Kurland geschickt. – Zwar es gibt mancherlei Schwestern –

FRANZISKA: Unverschämter!

JUST: Muß man es nicht sein, wenn einen die Leute sollen gehn lassen? *(Geht ab.)* 30

FRANZISKA: Das ist ein Schlingel!

DER WIRT: Ich sagt es ja. Aber lassen Sie ihn nur! Weiß ich doch nunmehr, wo sein Herr ist. Ich will ihn gleich selbst holen. – Nur, gnädiges Fräulein, bitte ich untertänigst, sodann ja mich bei dem Herrn Ma- 35 jor zu entschuldigen, daß ich so unglücklich gewesen, wider meinen Willen, einen Mann von seinen Verdiensten –

DAS FRÄULEIN: Gehen Sie nur geschwind, Herr Wirt.

Das will ich alles wieder gut machen. *(Der Wirt geht ab, und hierauf:)* Franziska, lauf ihm nach: er soll ihm meinen Namen nicht nennen! *(Franziska, dem Wirte nach.)*

DAS FRÄULEIN *und hierauf* FRANZISKA

DAS FRÄULEIN: Ich habe ihn wieder! – Bin ich allein? – Ich will nicht umsonst allein sein. *(Sie faltet die Hände)* Auch bin ich nicht allein! *(und blickt aufwärts.)* Ein einziger dankbarer Gedanke gen Himmel ist das vollkommenste Gebet! – Ich hab ihn, ich hab ihn! *(Mit ausgebreiteten Armen:)* Ich bin glücklich! und fröhlich! Was kann der Schöpfer lieber sehen, als ein fröhliches Geschöpf! – *(Franziska kömmt.)* Bist du wieder da, Franziska? – Er jammert dich? Mich jammert er nicht. Unglück ist auch gut. Vielleicht, daß ihm der Himmel alles nahm, um ihm in mir alles wieder zu geben!

FRANZISKA: Er kann den Augenblick hier sein – Sie sind noch in Ihrem Negligee, gnädiges Fräulein. Wie, wenn Sie sich geschwind ankleideten?

DAS FRÄULEIN: Geh! ich bitte dich. Er wird mich von nun an öfterer so, als geputzt sehen.

FRANZISKA: O, Sie kennen sich, mein Fräulein.

DAS FRÄULEIN *(nach einem kurzen Nachdenken)*: Wahrhaftig, Mädchen, du hast es wiederum getroffen.

FRANZISKA: Wenn wir schön sind, sind wir ungeputzt am schönsten.

DAS FRÄULEIN: Müssen wir denn schön sein? – Aber, daß wir uns schön glauben, war vielleicht notwendig. – Nein, wenn ich ihm, ihm nur schön bin! – Franziska, wenn alle Mädchens so sind, wie ich mich jetzt fühle, so sind wir – sonderbare Dinger. – Zärtlich und stolz, tugendhaft und eitel, wollüstig und fromm – Du wirst mich nicht verstehen. Ich verstehe mich wohl selbst nicht. – Die Freude macht drehend, wirblicht. –

FRANZISKA: Fassen Sie sich, mein Fräulein; ich höre
kommen –

DAS FRÄULEIN: Mich fassen? Ich sollte ihn ruhig empfangen?

Achter Auftritt

VON TELLHEIM. DER WIRT. DIE VORIGEN

VON TELLHEIM *(tritt herein, und indem er sie erblickt,
flieht er auf sie zu):* Ah! meine Minna! –

DAS FRÄULEIN *(ihm entgegen fliehend):* Ah! mein Tellheim! –

VON TELLHEIM *(stutzt auf einmal, und tritt wieder zurück):* Verzeihen Sie, gnädiges Fräulein, – das Fräulein von Barnhelm hier zu finden –

DAS FRÄULEIN: Kann Ihnen doch so gar unerwartet
nicht sein? – *(Indem sie ihm näher tritt, und er mehr
zurück weicht:)* Ich soll Ihnen verzeihen, daß ich noch
Ihre Minna bin? Verzeih Ihnen der Himmel, daß ich
noch das Fräulein von Barnhelm bin! –

VON TELLHEIM: Gnädiges Fräulein – *(Sieht starr auf den
Wirt, und zuckt die Schultern.)*

DAS FRÄULEIN *(wird den Wirt gewahr, und winkt der
Franziska):* Mein Herr, –

VON TELLHEIM: Wenn wir uns beiderseits nicht irren –

FRANZISKA: Je, Herr Wirt, wen bringen Sie uns denn
da? Geschwind kommen Sie, lassen Sie uns den rechten suchen.

DER WIRT: Ist es nicht der rechte? Ei ja doch!

FRANZISKA: Ei nicht doch! Geschwind kommen Sie; ich
habe Ihrer Jungfer Tochter noch keinen guten Morgen gesagt.

DER WIRT: O! viel Ehre – *(doch ohne von der Stelle zu
gehn)*

FRANZISKA *(faßt ihn an):* Kommen Sie, wir wollen den
Küchenzettel machen. – Lassen Sie sehen, was wir
haben werden –

DER WIRT: Sie sollen haben; vors erste –

FRANZISKA: Still, ja stille! Wenn das Fräulein jetzt

schon weiß, was sie zu Mittag speisen soll, so ist es um ihren Appetit geschehen. Kommen Sie, das müssen Sie mir allein sagen. *(Führet ihn mit Gewalt ab.)*

Neunter Auftritt

5 VON TELLHEIM. DAS FRÄULEIN

DAS FRÄULEIN: Nun? irren wir uns noch?

VON TELLHEIM: Daß es der Himmel wollte! – Aber es gibt nur Eine, und Sie sind es. –

DAS FRÄULEIN: Welche Umstände! Was wir uns zu sa-
10 gen haben, kann jedermann hören.

VON TELLHEIM: Sie hier? Was suchen Sie hier, gnädiges Fräulein?

DAS FRÄULEIN: Nichts suche ich mehr. *(Mit offenen Armen auf ihn zugehend:)* Alles, was ich suchte, habe ich
15 gefunden.

VON TELLHEIM *(zurückweichend):* Sie suchten einen glücklichen, einen Ihrer Liebe würdigen Mann; und finden – einen Elenden.

DAS FRÄULEIN: So lieben Sie mich nicht mehr? – Und
20 lieben eine andere?

VON TELLHEIM: Ah! der hat Sie nie geliebt, mein Fräulein, der eine andere nach Ihnen lieben kann.

DAS FRÄULEIN: Sie reißen nur Einen Stachel aus meiner Seele. – Wenn ich Ihr Herz verloren habe, was liegt
25 daran, ob mich Gleichgültigkeit oder mächtigere Reize darum gebracht? – Sie lieben mich nicht mehr: und lieben auch keine andere? – Unglücklicher Mann, wenn Sie gar nichts lieben! –

VON TELLHEIM: Recht, gnädiges Fräulein; der Unglück-
30 liche muß gar nichts lieben. Er verdient sein Unglück, wenn er diesen Sieg nicht über sich selbst zu erhalten weiß; wenn er es sich gefallen lassen kann, daß die, welche er liebt, an seinem Unglück Anteil nehmen dürfen. – Wie schwer ist dieser Sieg! – Seit dem mir
35 Vernunft und Notwendigkeit befehlen, Minna von Barnhelm zu vergessen: was für Mühe habe ich angewandt! Eben wollte ich anfangen zu hoffen, daß diese

Mühe nicht ewig vergebens sein würde: – und Sie erscheinen, mein Fräulein! –

DAS FRÄULEIN: Versteh ich Sie recht? – Halten Sie, mein Herr; lassen Sie sehen, wo wir sind, ehe wir uns weiter verirren! – Wollen Sie mir die einzige Frage beantworten?

VON TELLHEIM: Jede, mein Fräulein –

DAS FRÄULEIN: Wollen Sie mir auch ohne Wendung, ohne Winkelzug antworten? Mit nichts, als einem trokkenen Ja, oder Nein?

VON TELLHEIM: Ich will es, – wenn ich kann.

DAS FRÄULEIN: Sie können es. – Gut: ohngeachtet der Mühe, die Sie angewendet, mich zu vergessen, – lieben Sie mich noch, Tellheim?

VON TELLHEIM: Mein Fräulein, diese Frage –

DAS FRÄULEIN: Sie haben versprochen, mit nichts, als Ja oder Nein zu antworten.

VON TELLHEIM: Und hinzugesetzt: wenn ich kann.

DAS FRÄULEIN: Sie können; Sie müssen wissen, was in Ihrem Herzen vorgeht. – Lieben Sie mich noch, Tellheim? – Ja, oder Nein.

VON TELLHEIM: Wenn mein Herz –

DAS FRÄULEIN: Ja, oder Nein!

VON TELLHEIM: Nun, Ja!

DAS FRÄULEIN: Ja?

VON TELLHEIM: Ja, ja! – Allein –

DAS FRÄULEIN: Geduld! – Sie lieben mich noch: genug für mich. – In was für einen Ton bin ich mit Ihnen gefallen! Ein widriger, melancholischer, ansteckender Ton. – Ich nehme den meinigen wieder an. – Nun, mein lieber Unglücklicher, Sie lieben mich noch, und haben Ihre Minna noch, und sind unglücklich? Hören Sie doch, was Ihre Minna für ein eingebildetes, albernes Ding war, – ist. Sie ließ, sie läßt sich träumen, Ihr ganzes Glück sei sie. – Geschwind kramen Sie Ihr Unglück aus. Sie mag versuchen, wie viel sie dessen aufwiegt. – Nun?

VON TELLHEIM: Mein Fräulein, ich bin nicht gewohnt zu klagen.

DAS FRÄULEIN: Sehr wohl. Ich wüßte auch nicht, was
mir an einem Soldaten, nach dem Prahlen, weniger
gefiele, als das Klagen. Aber es gibt eine gewisse kalte, nachlässige Art, von seiner Tapferkeit und von
5   seinem Unglücke zu sprechen –
VON TELLHEIM: Die im Grunde doch auch geprahlt und
geklagt ist.
DAS FRÄULEIN: O, mein Rechthaber, so hätten Sie sich
auch gar nicht unglücklich nennen sollen. – Ganz ge-
10   schwiegen, oder ganz mit der Sprache heraus. – Eine
Vernunft, eine Notwendigkeit, die Ihnen mich zu vergessen befiehlt? – Ich bin eine große Liebhaberin von
Vernunft, ich habe sehr viel Ehrerbietung für die
Notwendigkeit. – Aber lassen Sie doch hören, wie
15   vernünftig diese Vernunft, wie notwendig diese Notwendigkeit ist.
VON TELLHEIM: Wohl denn; so hören Sie, mein Fräulein.
– Sie nennen mich Tellheim; der Name trifft ein. –
Aber Sie meinen, ich sei der Tellheim, den Sie in Ih-
20   rem Vaterlande gekannt haben; der blühende Mann,
voller Ansprüche, voller Ruhmbegierde; der seines
ganzen Körpers, seiner ganzen Seele mächtig war;
vor dem die Schranken der Ehre und des Glückes er-
öffnet standen; der Ihres Herzens und Ihrer Hand,
25   wann er schon ihrer noch nicht würdig war, täglich
würdiger zu werden hoffen durfte. – Dieser Tellheim
bin ich eben so wenig, – als ich mein Vater bin. Beide
sind gewesen. – Ich bin Tellheim, der verabschiedete,
der an seiner Ehre gekränkte, der Krüppel, der Bett-
30   ler. – Jenem, mein Fräulein, versprachen Sie sich;
wollen Sie diesem Wort halten? –
DAS FRÄULEIN: Das klingt sehr tragisch! – Doch, mein
Herr, bis ich jenen wieder finde, – in die Tellheims
bin ich nun einmal vernarret, – dieser wird mir schon
35   aus der Not helfen müssen. – Deine Hand, lieber
Bettler! *(indem sie ihn bei der Hand ergreift)*
VON TELLHEIM *(der die andere Hand mit dem Hute
vor das Gesicht schlägt, und sich von ihr abwendet)*:
Das ist zu viel! – Wo bin ich? – Lassen Sie mich,

Fräulein! – Ihre Güte foltert mich! – Lassen Sie mich.

DAS FRÄULEIN: Was ist Ihnen? wo wollen Sie hin?

VON TELLHEIM: Von Ihnen! –

DAS FRÄULEIN: Von mir? *(Indem sie seine Hand an ihre Brust zieht:)* Träumer!

VON TELLHEIM: Die Verzweiflung wird mich tod zu Ihren Füßen werfen.

DAS FRÄULEIN: Von mir?

VON TELLHEIM: Von Ihnen. – Sie nie, nie wieder zu sehen. – Oder doch so entschlossen, so fest entschlossen, – keine Niederträchtigkeit zu begehen, – Sie keine Unbesonnenheit begehen zu lassen – Lassen Sie mich, Minna! *(Reißt sich los, und ab.)*

DAS FRÄULEIN *(ihm nach):* Minna Sie lassen? Tellheim! Tellheim!

Ende des zweiten Aufzuges

Dritter Aufzug

Erster Auftritt

(Die Szene, der Saal)
JUST
5   *(einen Brief in der Hand):* Muß ich doch noch einmal
in das verdammte Haus kommen! – Ein Briefchen
von meinem Herrn an das gnädige Fräulein, das seine Schwester sein will. – Wenn sich nur da nichts an-
spinnt! – Sonst wird des Brieftragens kein Ende wer-
10   den. – Ich wäre es gern los; aber ich möchte auch
nicht gern ins Zimmer hinein. – Das Frauens-
zeug fragt so viel; und ich antworte so ungern! –
Ha, die Türe geht auf. Wie gewünscht! das Kammer-
kätzchen!

15 ## Zweiter Auftritt

FRANZISKA. JUST
FRANZISKA *(zur Türe herein, aus der sie kömmt):* Sorgen
Sie nicht; ich will schon aufpassen. – Sieh! *(indem sie
Justen gewahr wird):* da stieße mir ja gleich was auf.
20   Aber mit dem Vieh ist nichts anzufangen.
JUST: Ihr Diener –
FRANZISKA: Ich wollte so einen Diener nicht –
JUST: Nu, nu; verzeih Sie mir die Redensart! – Da bring
ich ein Briefchen von meinem Herrn an Ihre Herr-
25   schaft, das gnädige Fräulein – Schwester. – Wars
nicht so? Schwester.
FRANZISKA: Geb Er her! *(Reißt ihm den Brief aus der
Hand.)*
JUST: Sie soll so gut sein, läßt mein Herr bitten, und es
30   übergeben. Hernach soll Sie so gut sein, läßt mein
Herr bitten – daß Sie nicht etwa denkt, ich bitte
was! –

FRANZISKA: Nun denn?

JUST: Mein Herr versteht den Rummel. Er weiß, daß der Weg zu den Fräuleins durch die Kammermädchen geht: – bild ich mir ein! – Die Jungfer soll also so gut sein, – läßt mein Herr bitten, – und ihm sagen lassen, ob er nicht das Vergnügen haben könnte, die Jungfer auf ein Viertelstündchen zu sprechen.

FRANZISKA: Mich?

JUST: Verzeih Sie mir, wenn ich Ihr einen unrechten Titel gebe. – Ja, Sie! – Nur auf ein Viertelstündchen; aber allein, ganz allein, insgeheim, unter vier Augen. Er hätte Ihr was sehr Notwendiges zu sagen.

FRANZISKA: Gut! ich habe ihm auch viel zu sagen. – Er kann nur kommen, ich werde zu seinem Befehle sein.

JUST: Aber, wenn kann er kommen? Wenn ist es Ihr am gelegensten, Jungfer? So in der Dämmerung? –

FRANZISKA: Wie meint Er das? – Sein Herr kann kommen, wenn er will; – und damit packe Er sich nur!

JUST: Herzlich gern! *(Will fortgehen.)*

FRANZISKA: Hör Er doch; noch auf ein Wort. – Wo sind denn die andern Bedienten des Majors?

JUST: Die andern? Dahin, dorthin, überallhin.

FRANZISKA: Wo ist Wilhelm?

JUST: Der Kammerdiener? den läßt der Major reisen.

FRANZISKA: So? Und Philipp, wo ist der?

JUST: Der Jäger? den hat der Herr aufzuheben gegeben.

FRANZISKA: Weil er jetzt keine Jagd hat, ohne Zweifel. – Aber Martin?

JUST: Der Kutscher? der ist weggeritten.

FRANZISKA: Und Fritz?

JUST: Der Läufer? der ist avanciert.

FRANZISKA: Wo war Er denn, als der Major bei uns in Thüringen im Winterquartiere stand? Er war wohl noch nicht bei ihm?

JUST: O ja; ich war Reitknecht bei ihm; aber ich lag im Lazarett.

FRANZISKA: Reitknecht? und jetzt ist Er?

JUST: Alles in allem; Kammerdiener und Jäger, Läufer und Reitknecht.

FRANZISKA: Das muß ich gestehen! So viele gute, tüchtige Leute von sich zu lassen, und gerade den allerschlechtesten zu behalten! Ich möchte doch wissen, was Sein Herr an Ihm fände!

5 JUST: Vielleicht findet er, daß ich ein ehrlicher Kerl bin.

FRANZISKA: O, man ist auch verzweifelt, wenig, wenn man weiter nichts ist, als ehrlich. – Wilhelm war ein andrer Mensch! – Reisen läßt ihn der Herr?

JUST: Ja, er läßt ihn; – da ers nicht hindern kann.

10 FRANZISKA: Wie?

JUST: O, Wilhelm wird sich alle Ehre auf seinen Reisen machen. Er hat des Herrn ganze Garderobe mit.

FRANZISKA: Was? er ist doch nicht damit durchgegangen?

15 JUST: Das kann man nun eben nicht sagen; sondern, als wir von Nürnberg weggingen, ist er uns nur nicht damit nachgekommen.

FRANZISKA: O der Spitzbube!

JUST: Es war ein ganzer Mensch! er konnte frisieren,
20 und rasieren, und parlieren, – und scharmieren. – Nicht wahr?

FRANZISKA: So nach hätte ich den Jäger nicht von mir getan, wenn ich wie der Major gewesen wäre. Konnte er ihn schon nicht als Jäger nützen, so war es doch
25 sonst ein tüchtiger Bursche. – Wem hat er ihn denn aufzuheben gegeben?

JUST: Dem Kommendanten von Spandau.

FRANZISKA: Der Festung? Die Jagd auf den Wällen kann doch da auch nicht groß sein.

30 JUST: O, Philipp jagt auch da nicht.

FRANZISKA: Was tut er denn?

JUST: Er karrt.

FRANZISKA: Er karrt?

JUST: Aber nur auf drei Jahr. Er machte ein kleines
35 Komplott unter des Herrn Kompagnie, und wollte sechs Mann durch die Vorposten bringen. –

FRANZISKA: Ich erstaune; der Bösewicht!

JUST: O, es ist ein tüchtiger Kerl! Ein Jäger, der funfzig Meilen in der Runde, durch Wälder und Moräste, al-

le Fußsteige, alle Schleifwege[39] kennt. Und schießen
kann er!

FRANZISKA: Gut, daß der Major nur noch den braven
Kutscher hat!

JUST: Hat er ihn noch?

FRANZISKA: Ich denke, Er sagte, Martin wäre weggeritten? So wird er doch wohl wieder kommen?

JUST: Meint Sie?

FRANZISKA: Wo ist er denn hingeritten?

JUST: Es geht nun in die zehnte Woche, da ritt er mit des
Herrn einzigem und letztem Reitpferde – nach der
Schwemme.

FRANZISKA: Und ist noch nicht wieder da? O, der Gal-
genstrick!

JUST: Die Schwemme kann den braven Kutscher auch
wohl verschwemmt haben! – Es war gar ein rechter
Kutscher! Er hatte in Wien zehn Jahre gefahren. So
einen kriegt der Herr gar nicht wieder. Wenn die
Pferde im vollen Rennen waren, so durfte er nur machen: burr! und auf einmal standen sie, wie die Mau-
ern. Dabei war er ein ausgelernter Roßarzt!

FRANZISKA: Nun ist mir für das Avancement des Läu-
fers bange.

JUST: Nein, nein; damit hats seine Richtigkeit. Er ist
Trommelschläger bei einem Garnisonregimente geworden.

FRANZISKA: Dacht ichs doch!

JUST: Fritz hing sich an ein lüderliches Mensch, kam des
Nachts niemals nach Hause, machte auf des Herrn
Namen überall Schulden, und tausend infame Streiche. Kurz, der Major sahe, daß er mit aller Gewalt
höher wollte: *(das Hängen pantomimisch anzeigend)*
er brachte ihn also auf guten Weg.

FRANZISKA: O der Bube!

JUST: Aber ein perfekter Läufer ist er, das ist gewiß.
Wenn ihm der Herr funfzig Schritte vorgab, so konnte er ihn mit seinem besten Renner nicht einholen.

---

(39) * Schleichwege.

Fritz hingegen kann dem Galgen tausend Schritte
vorgeben, und ich wette mein Leben, er holt ihn ein.
– Es waren wohl alles Ihre guten Freunde, Jungfer?
Der Wilhelm und der Philipp, der Martin und der
5 Fritz? – Nun, Just empfiehlt sich! *(Geht ab.)*

Dritter Auftritt

FRANZISKA *und hernach* DER WIRT
FRANZISKA *(die ihm ernsthaft nachsieht):* Ich verdiene
den Biß! – Ich bedanke mich, Just. Ich setzte die Ehr-
10 lichkeit zu tief herab. Ich will die Lehre nicht vergessen. – Ah! der unglückliche Mann! *(Kehrt sich um,
und will nach dem Zimmer des Fräuleins gehen, indem
der Wirt kömmt.)*
DER WIRT: Warte Sie doch, mein schönes Kind.
15 FRANZISKA: Ich habe jetzt nicht Zeit, Herr Wirt –
DER WIRT: Nur ein kleines Augenblickchen! – Noch keine Nachricht weiter von dem Herrn Major? Das
konnte doch unmöglich sein Abschied sein! –
FRANZISKA: Was denn?
20 DER WIRT: Hat es Ihr das gnädige Fräulein nicht erzählt? – Als ich Sie, mein schönes Kind, unten in der
Küche verließ, so kam ich von ungefähr wieder hier
in den Saal –
FRANZISKA: Von ungefähr, in der Absicht, ein wenig zu
25 horchen.
DER WIRT: Ei, mein Kind, wie kann Sie das von mir
denken? Einem Wirte läßt nichts übler, als Neugierde[40]. – Ich war nicht lange hier, so prellte auf einmal
die Türe bei dem gnädigen Fräulein auf. Der Major
30 stürzte heraus; das Fräulein ihm nach; beide in einer
Bewegung, mit Blicken, in einer Stellung – so was

(40) * Wirte sollen im damaligen Preußen gelegentlich als Spitzel im
Staatsdienst gestanden haben. Doch ist in der Tradition der Typenkomödie die Neugier das Charakteristikum der Wirte.

läßt sich nur sehen. Sie ergriff ihn; er riß sich los; sie
ergriff ihn wieder. Tellheim! – Fräulein! lassen Sie
mich! – Wohin? – So zog er sie bis an die Treppe.
Mir war schon bange, er würde sie mit herabreißen.
Aber er wand sich noch los. Das Fräulein blieb an 5
der obersten Schwelle stehn; sah ihm nach; rief ihm
nach; rang die Hände. Auf einmal wandte sie sich
um, lief nach dem Fenster, von dem Fenster wieder
zur Treppe, von der Treppe in dem Saale hin und wider. Hier stand ich; hier ging sie dreimal bei mir vor- 10
bei, ohne mich zu sehen. Endlich war es, als ob sie
mich sähe; aber, Gott sei bei uns! ich glaube, das
Fräulein sahe mich für Sie an, mein Kind. »Franziska«, rief sie, die Augen auf mich gerichtet, »bin ich
nun glücklich?« Darauf sahe sie steif an die Decke, 15
und wiederum: »Bin ich nun glücklich?« Darauf
wischte sie sich Tränen aus dem Auge, und lächelte,
und fragte mich wiederum: »Franziska, bin ich nun
glücklich?« – Wahrhaftig, ich wußte nicht, wie mir
war. Bis sie nach ihrer Türe lief; da kehrte sie sich 20
nochmals nach mir um: »So komm doch, Franziska;
wer jammert dich nun?« – Und damit hinein.

FRANZISKA: O, Herr Wirt, das hat Ihnen geträumt.

DER WIRT: Geträumt? Nein, mein schönes Kind; so um-
ständlich träumt man nicht. – Ja, ich wollte wie viel 25
drum geben, – ich bin nicht neugierig, – aber ich
wollte wie viel drum geben, wenn ich den Schlüssel
dazu hätte.

FRANZISKA: Den Schlüssel? zu unsrer Türe? Herr Wirt,
der steckt innerhalb; wir haben ihn zur Nacht herein- 30
gezogen; wir sind furchtsam.

DER WIRT: Nicht so ein Schlüssel; ich will sagen, mein
schönes Kind, den Schlüssel; die Auslegung gleichsam; so den eigentlichen Zusammenhang von dem,
was ich gesehen. – 35

FRANZISKA: Ja so! – Nun, Adjeu, Herr Wirt. Werden
wir bald essen, Herr Wirt?

DER WIRT: Mein schönes Kind, nicht zu vergessen, was
ich eigentlich sagen wollte.

FRANZISKA: Nun? aber nur kurz –

DER WIRT: Das gnädige Fräulein hat noch meinen Ring;
ich nenne ihn meinen –

FRANZISKA: Er soll Ihnen unverloren sein.

5   DER WIRT: Ich trage darum auch keine Sorge; ich wills
nur erinnern. Sieht Sie; ich will ihn gar nicht einmal
wieder haben. Ich kann mir doch wohl an den Fingern abzählen, woher sie den Ring kannte, und woher er dem ihrigen so ähnlich sah. Er ist in ihren Hän-
10 den am besten aufgehoben. Ich mag ihn gar nicht
mehr, und will indes die hundert Pistolen, die ich darauf gegeben habe, auf des gnädigen Fräuleins Rechnung setzen. Nicht so recht, mein schönes Kind?

Vierter Auftritt

15 PAUL WERNER. DER WIRT. FRANZISKA

WERNER: Da ist er ja!

FRANZISKA: Hundert Pistolen? Ich meinte, nur achtzig.

DER WIRT: Es ist wahr, nur neunzig, nur neunzig. Das
will ich tun, mein schönes Kind, das will ich tun.

20 FRANZISKA: Alles das wird sich finden, Herr Wirt.

WERNER *(der ihnen hinterwärts näher kömmt, und auf
einmal der Franziska auf die Schulter klopft):* Frauenzimmerchen! Frauenzimmerchen!

FRANZISKA *(erschrickt):* He!

25 WERNER: Erschrecke Sie nicht! – Frauenzimmerchen,
Frauenzimmerchen, ich sehe, Sie ist hübsch, und ist
wohl gar fremd – Und hübsche fremde Leute müssen
gewarnet werden – Frauenzimmerchen, Frauenzimmerchen, nehm Sie sich vor dem Manne in Acht! *(auf
30 den Wirt zeigend)*

DER WIRT: Je, unvermutete Freude! Herr Paul Werner!
Willkommen bei uns, willkommen! – Ah, es ist doch
immer noch der lustige, spaßhafte, ehrliche Werner!
– Sie soll sich vor mit in Acht nehmen, mein schönes
35 Kind! Ha, ha, ha!

WERNER: Geh Sie ihm überall aus dem Wege!

DER WIRT: Mir! mir! – Bin ich denn so gefährlich? – Ha, ha, ha! – Hör Sie doch, mein schönes Kind! Wie gefällt Ihr der Spaß?

WERNER: Daß es doch immer Seines gleichen für Spaß erklären, wenn man ihnen die Wahrheit sagt.   5

DER WIRT: Die Wahrheit! ha, ha, ha! – Nicht wahr, mein schönes Kind, immer besser! Der Mann kann spaßen! Ich gefährlich? – ich? – So vor zwanzig Jahren war was dran. Ja, ja, mein schönes Kind, da war ich gefährlich; da wußte manche davon zu sagen;   10 aber jetzt –

WERNER: O über den alten Narrn!

DER WIRT: Da steckts eben! Wenn wir alt werden, ist es mit unserer Gefährlichkeit aus. Es wird Ihm auch nicht besser gehn, Herr Werner!   15

WERNER: Potz Geck, und kein Ende! – Frauenzimmerchen, so viel Verstand wird Sie mir wohl zutrauen, daß ich von der Gefährlichkeit nicht rede. Der eine Teufel hat ihn verlassen, aber es sind dafür sieben andere in ihn gefahren –   20

DER WIRT: O hör Sie doch, hör Sie doch! Wie er das nun wieder so herum zu bringen weiß! – Spaß über Spaß, und immer was Neues! O, es ist ein vortrefflicher Mann, der Herr Paul Werner! – *(Zur Franziska, als ins Ohr:)* Ein wohlhabender Mann, und noch ledig.   25 Er hat drei Meilen von hier ein schönes Freischulzengerichte[41]. Der hat Beute gemacht im Kriege! – Und ist Wachtmeister bei unserm Herrn Major gewesen. O, das ist ein Freund von unserm Herrn Major! das ist ein Freund! der sich für ihn tot schlagen ließe! –   30

WERNER: Ja! und das ist ein Freund von meinem Major! das ist ein Freund! – den der Major sollte tot schlagen lassen.

DER WIRT: Wie? was? – Nein, Herr Werner, das ist nicht guter Spaß. – Ich kein Freund vom Herrn Major? –   35 Nein, den Spaß versteh ich nicht.

WERNER: Just hat mir schöne Dinge erzählt.

---

(41) * Vgl. Anm. 22.

DER WIRT: Just? Ich dachts wohl, daß Just durch Sie spräche. Just ist ein böser, garstiger Mensch. Aber hier ist ein schönes Kind zur Stelle; das kann reden; das mag sagen, ob ich kein Freund von dem Herrn Major bin? ob ich ihm keine Dienste erwiesen habe? Und warum sollte ich nicht sein Freund sein? Ist er nicht ein verdienter Mann? Es ist wahr; er hat das Unglück gehabt, abgedankt zu werden: aber was tut das? Der König kann nicht alle verdiente Männer kennen; und wenn er sie auch alle kennte, so kann er sie nicht alle belohnen.

WERNER: Das heißt Ihn Gott sprechen! – Aber Just – freilich ist an Justen auch nicht viel Besonders; doch ein Lügner ist Just nicht; und wenn das wahr wäre, was er mir gesagt hat –

DER WIRT: Ich will von Justen nichts hören! Wie gesagt: das schöne Kind hier mag sprechen! *(Zu ihr ins Ohr:)* Sie weiß, mein Kind; den Ring! – Erzähl Sie es doch Herrn Wernern. Da wird er mich besser kennen lernen. Und damit es nicht heraus kömmt, als ob Sie mir nur zu gefallen rede: so will ich nicht einmal dabei sein. Ich will nicht dabei sein; ich will gehn; aber Sie sollen mir es wiedersagen, Herr Werner, Sie sollen mir es wiedersagen, ob Just nicht ein garstiger Verleumder ist.

Fünfter Auftritt

PAUL WERNER. FRANZISKA

WERNER: Frauenzimmerchen, kennt Sie denn meinen Major?

FRANZISKA: Den Major von Tellheim? Ja wohl kenn ich den braven Mann.

WERNER: Ist es nicht ein braver Mann? Ist Sie dem Manne wohl gut? –

FRANZISKA: Von Grund meines Herzens.

WERNER: Wahrhaftig? Sieht Sie, Frauenzimmerchen; nun kömmt Sie mir noch einmal so schön vor. – Aber was sind denn das für Dienste, die der Wirt unserm Major will erwiesen haben?

FRANZISKA: Ich wüßte eben nicht; es wäre denn, daß er sich das Gute zuschreiben wollte, welches glücklicher Weise aus seinem schurkischen Betragen entstanden.

WERNER: So wäre es ja wahr, was mir Just gesagt hat? – *(Gegen die Seite, wo der Wirt abgegangen:)* Dein Glück, daß du gegangen bist! – Er hat ihm wirklich die Zimmer ausgeräumt? – So einem Manne, so einen Streich zu spielen, weil sich das Eselsgehirn einbildet, daß der Mann kein Geld mehr habe! Der Major kein Geld?

FRANZISKA: So? hat der Major Geld?

WERNER: Wie Heu! Er weiß nicht, wie viel er hat. Er weiß nicht, wer ihm schuldig ist. Ich bin ihm selber schuldig, und bringe ihm ein altes Restchen. Sieht Sie, Frauenzimmerchen, hier in diesem Beutelchen, *(das er aus der einen Tasche zieht)* sind hundert Louisdor; und in diesem Röllchen *(das er aus der andern zieht)* hundert Dukaten. Alles sein Geld!

FRANZISKA: Wahrhaftig? Aber warum versetzt denn der Major? Er hat ja einen Ring versetzt –

WERNER: Versetzt! Glaub Sie doch so was nicht. Vielleicht, daß er den Bettel hat gern wollen los sein.

FRANZISKA: Es ist kein Bettel! es ist ein sehr kostbarer Ring, den er wohl noch dazu von lieben Händen hat.

WERNER: Das wirds auch sein. Von lieben Händen! ja, ja! So was erinnert einen manchmal, woran man nicht gern erinnert sein will. Drum schafft mans aus den Augen.

FRANZISKA: Wie?

WERNER: Dem Soldaten gehts in Winterquartieren wunderlich. Da hat er nichts zu tun, und pflegt sich, und macht vor langer Weile Bekanntschaften, die er nur auf den Winter meinet, und die das gute Herz, mit dem er sie macht, für Zeit Lebens annimmt. Husch ist ihm denn ein Ringelchen an den Finger praktiziert; er weiß selbst nicht, wie es daran kömmt. Und nicht selten gäb er gern den Finger mit drum, wenn er es nur wieder los werden könnte.

FRANZISKA: Ei! und sollte es dem Major auch so gegangen sein?

5 WERNER: Ganz gewiß. Besonders in Sachsen; wenn er zehn Finger an jeder Hand gehabt hätte, er hätte sie alle zwanzig voller Ringe gekriegt.

FRANZISKA *(bei Seite):* Das klingt ja ganz besonders, und verdient untersucht zu werden. – Herr Freischul-
10 ze, oder Herr Wachtmeister –

WERNER: Frauenzimmerchen, wenns Ihr nichts verschlägt: – Herr Wachtmeister, höre ich am liebsten.

FRANZISKA: Nun, Herr Wachtmeister, hier habe ich ein Briefchen von dem Herrn Major an meine Herr-
15 schaft. Ich will es nur geschwind herein tragen, und bin gleich wieder da. Will Er wohl so gut sein, und so lange hier warten? Ich möchte gar zu gern mehr mit Ihm plaudern.

WERNER: Plaudert Sie gern, Frauenzimmerchen? Nun
20 meinetwegen; geh Sie nur; ich plaudere auch gern; ich will warten.

FRANZISKA: O, warte Er doch ja! *(Geht ab.)*

Sechster Auftritt

PAUL WERNER

25 Das ist kein unebenes Frauenzimmerchen! – Aber ich hätte ihr doch nicht versprechen sollen, zu warten. – Denn das Wichtigste wäre wohl, ich suchte den Major auf. – Er will mein Geld nicht, und versetzt lieber? – Daran kenn ich ihn. – Es fällt mir ein Schnel-
30 ler[42] ein. – Als ich vor vierzehn Tagen in der Stadt war, besuchte ich die Rittmeisterin Marloff. Das arme Weib lag krank, und jammerte, daß ihr Mann dem Major vierhundert Taler schuldig geblieben wäre, die sie nicht wüßte, wie sie sie bezahlen sollte.

---

35 (42) * List, Trick, Streich.

Heute wollte ich sie wieder besuchen; – ich wollte ihr sagen, wenn ich das Geld für mein Gütchen ausgezahlt kriegte, daß ich ihr fünfhundert Taler leihen könnte. – Denn ich muß ja wohl was davon in Sicherheit bringen, wenns in Persien nicht geht. – Aber sie war über alle Berge. Und ganz gewiß wird sie den Major nicht haben bezahlen können. – Ja, so will ichs machen; und das je eher, je lieber. – Das Frauenzimmerchen mag mirs nicht übel nehmen; ich kann nicht warten. *(Geht in Gedanken ab, und stößt fast auf den Major, der ihm entgegen kömmt.)*

Siebenter Auftritt

VON TELLHEIM. PAUL WERNER

VON TELLHEIM: So in Gedanken, Werner?

WERNER: Da sind Sie ja; ich wollte eben gehn, und Sie in Ihrem neuen Quartiere besuchen, Herr Major.

VON TELLHEIM: Um mir auf den Wirt des alten die Ohren voll zu fluchen. Gedenke mir nicht daran.

WERNER: Das hätte ich beiher getan; ja. Aber eigentlich wollte ich mich nur bei Ihnen bedanken, daß Sie so gut gewesen, und mir die hundert Louisdor aufgehoben. Just hat mir sie wiedergegeben. Es wäre mir wohl freilich lieb, wenn Sie mir sie noch länger aufheben könnten. Aber Sie sind in ein neu Quartier gezogen, das weder Sie, noch ich kennen. Wer weiß, wies da ist. Sie könnten Ihnen da gestohlen werden; und Sie müßten mir sie ersetzen; da hülfe nichts davor. Also kann ichs Ihnen freilich nicht zumuten.

VON TELLHEIM *(lächelnd):* Seit wenn bist du so vorsichtig, Werner?

WERNER: Es lernt sich wohl. Man kann, heute zu Tage, mit seinem Gelde nicht vorsichtig genug sein. – Darnach hatte ich noch was an Sie zu bestellen, Herr Major; von der Rittmeisterin Marloff; ich kam eben von ihr her. Ihr Mann ist Ihnen ja vierhundert Taler schuldig geblieben; hier schickt sie Ihnen auf Ab-

schlag hundert Dukaten. Das übrige will sie künftige
Woche schicken. Ich mochte wohl selber Ursache
sein, daß sie die Summe nicht ganz schickt. Denn sie
war mir auch ein Taler achtzig[43] schuldig; und weil
5 sie dachte, ich wäre gekommen, sie zu mahnen, –
wies denn auch wohl wahr war; – so gab sie mir sie,
und gab sie mir aus dem Röllchen, das sie für Sie
schon zu rechte gelegt hatte. – Sie können auch schon
eher Ihre hundert Taler ein Acht Tage noch missen,
10 als ich meine Paar Groschen. – Da nehmen Sie doch!
(Reicht ihm die Rolle Dukaten.)

VON TELLHEIM: Werner!

WERNER: Nun? warum sehen Sie mich so starr an? – So
nehmen Sie doch, Herr Major! –

15 VON TELLHEIM: Werner!

WERNER: Was fehlt Ihnen? Was ärgert Sie?

VON TELLHEIM *(bitter, indem er sich vor die Stirne
schlägt, und mit dem Fuße auftritt):* Daß es – die vierhundert Taler nicht ganz sind!

20 WERNER: Nun, nun, Herr Major! Haben Sie mich denn
nicht verstanden?

VON TELLHEIM: Eben weil ich dich verstanden habe! –
Daß mich doch die besten Menschen heut am meisten
quälen müssen!

25 WERNER: Was sagen Sie?

VON TELLHEIM: Es geht dich nur zur Hälfte an! – Geh,
Werner! *(indem er die Hand, mit der ihm Werner die
Dukaten reicht, zurück stößt)*

WERNER: Sobald ich das los bin!

30 VON TELLHEIM: Werner, wenn du nun von mir hörst:
daß die Marloffin, heute ganz früh, selbst bei mir gewesen ist?

WERNER: So?

VON TELLHEIM: Daß sie mir nichts mehr schuldig ist?

35 WERNER: Wahrhaftig?

VON TELLHEIM: Daß sie mich bei Heller und Pfennig bezahlt hat: was wirst du denn sagen?

---

(43) * etwa 80 Taler.

WERNER *(der sich einen Augenblick besinnt):* Ich werde
sagen, daß ich gelogen habe, und daß es eine
hundsföttsche Sache ums Lügen ist, weil man darüber
ertappt werden kann.

VON TELLHEIM: Und wirst dich schämen?   5

WERNER: Aber der, der mich so zu lügen zwingt, was
sollte der? Sollte der sich nicht auch schämen? Sehen
Sie, Herr Major; wenn ich sagte, daß mich Ihr Verfahren nicht verdrösse, so hätte ich wieder gelogen,
und ich will nicht mehr lügen. –   10

VON TELLHEIM: Sei nicht verdrüßlich, Werner! Ich erkenne dein Herz und deine Liebe zu mir. Aber ich
brauche dein Geld nicht.

WERNER: Sie brauchen es nicht? Und verkaufen lieber,
und versetzen lieber, und bringen sich lieber in der   15
Leute Mäuler?

VON TELLHEIM: Die Leute mögen es immer wissen, daß
ich nichts mehr habe. Man muß nicht reicher scheinen wollen, als man ist.

WERNER: Aber warum ärmer? – Wir haben, so lange un-   20
ser Freund hat.

VON TELLHEIM: Es ziemt sich nicht, daß ich dein Schuldner bin.

WERNER: Ziemt sich nicht? – Wenn an einem heißen Tage, den uns die Sonne und der Feind heiß machte,   25
sich Ihr Reitknecht mit den Kantinen[44] verloren hatte; und Sie zu mir kamen, und sagten: Werner hast du
nichts zu trinken? und ich Ihnen meine Feldflasche
reichte, nicht wahr, Sie nahmen und tranken? –
Ziemte sich das? – Bei meiner armen Seele, wenn ein   30
Trunk faules Wasser damals nicht oft mehr wert war,
als alle der Quark! *(indem er auch den Beutel mit den
Louisdoren heraus zieht, und ihm beides hinreicht:)*
Nehmen Sie, lieber Major! Bilden Sie sich ein, es ist
Wasser. Auch das hat Gott für alle geschaffen.   35

VON TELLHEIM: Du marterst mich; du hörst es ja, ich will
dein Schuldner nicht sein.

---

(44) * gefütterte Körbe oder Kästen zum Transport von Flaschen.

WERNER: Erst ziemte es sich nicht; nun wollen Sie nicht?
Ja, das ist was anders. *(Etwas ärgerlich:)* Sie wollen
mein Schuldner nicht sein? Wenn Sie es denn aber
schon wären, Herr Major? Oder sind Sie dem Manne
nichts schuldig, der einmal den Hieb auffing, der Ihnen den Kopf spalten sollte, und ein andermal den
Arm vom Rumpfe hieb, der eben losdrücken und Ihnen die Kugel durch die Brust jagen wollte? – Was
können Sie diesem Manne mehr schuldig werden?
Oder hat es mit meinem Halse weniger zu sagen, als
mit meinem Beutel? – Wenn das vornehm gedacht
ist, bei meiner armen Seele, so ist es auch sehr abge-
schmackt gedacht!
VON TELLHEIM: Mit wem sprichst du so, Werner? Wir
sind allein; jetzt darf ich es sagen; wenn uns ein Dritter hörte, so wäre es Windbeutelei. Ich bekenne es mit
Vergnügen, daß ich dir zweimal mein Leben zu danken habe. Aber, Freund, woran fehlte mir es, daß ich
bei Gelegenheit nicht eben so viel für dich würde getan haben? He!
WERNER: Nur an der Gelegenheit! Wer hat daran ge-
zweifelt, Herr Major? Habe ich Sie nicht hundertmal
für den gemeinsten Soldaten, wenn er ins Gedränge
gekommen war, Ihr Leben wagen sehen?
VON TELLHEIM: Also!
WERNER: Aber –
VON TELLHEIM: Warum verstehst du mich nicht recht?
Ich sage: es ziemt sich nicht, daß ich dein Schuldner
bin; ich will dein Schuldner nicht sein. Nämlich in
den Umständen nicht, in welchen ich mich jetzt befinde.
WERNER: So, so! Sie wollen es versparen, bis auf beßre
Zeiten; Sie wollen ein andermal Geld von mir borgen, wenn Sie keines brauchen, wenn Sie selbst welches haben, und ich vielleicht keines.
VON TELLHEIM: Man muß nicht borgen, wenn man nicht
wieder zu geben weiß.
WERNER: Einem Manne, wie Sie, kann es nicht immer
fehlen.

VON TELLHEIM: Du kennst die Welt! – Am wenigsten
muß man sodann von einem borgen, der sein Geld
selbst braucht.
WERNER: O ja, so einer bin ich! Wozu braucht ichs
denn? – Wo man einen Wachtmeister nötig hat, gibt 5
man ihm auch zu leben.
VON TELLHEIM: Du brauchst es, mehr als Wachtmeister
zu werden; dich auf einer Bahn weiter zu bringen, auf
der, ohne Geld, auch der Würdigste zurück bleiben
kann. 10
WERNER: Mehr als Wachtmeister zu werden? daran denke ich nicht. Ich bin ein guter Wachtmeister; und
dürfte leicht ein schlechter Rittmeister, und sicherlich
noch ein schlechterer General werden. Die Erfahrung
hat man. 15
VON TELLHEIM: Mache nicht, daß ich etwas Unrechtes
von dir denken muß, Werner! Ich habe es nicht gern
gehört, was mir Just gesagt hat. Du hast dein Gut verkauft, und willst wieder herum schwärmen. Laß mich
nicht von dir glauben, daß du nicht so wohl das Me- 20
tier, als die wilde, lüderliche Lebensart liebest, die unglücklicher Weise damit verbunden ist. Man muß
Soldat sein, für sein Land; oder aus Liebe zu der Sache, für die gefochten wird. Ohne Absicht heute hier,
morgen da dienen: heißt wie ein Fleischerknecht rei- 25
sen, weiter nichts.
WERNER: Nun ja doch, Herr Major; ich will Ihnen folgen. Sie wissen besser, was sich gehört. Ich will bei
Ihnen bleiben. – Aber, lieber Major, nehmen Sie
doch auch derweile mein Geld. Heut oder morgen 30
muß Ihre Sache aus sein. Sie müssen Geld die Menge
bekommen. Sie sollen mir es sodann mit Interessen[45]
wieder geben. Ich tu es ja nur der Interessen wegen.
VON TELLHEIM: Schweig davon!
WERNER: Bei meiner armen Seele, ich tu es nur der 35
Interessen wegen! – Wenn ich manchmal dachte: wie
wird es mit dir aufs Alter werden? wenn du zu Schan-

---

(45) * Zinsen.

den gehauen bist? wenn du nichts haben wirst? wenn
du wirst betteln gehen müssen? So dachte ich wieder:
Nein, du wirst nicht betteln gehn; du wirst zum Major Tellheim gehn; der wird seinen letzten Pfennig mit
5 dir teilen; der wird dich zu Tode füttern; bei dem
wirst du als ein ehrlicher Kerl sterben können.

VON TELLHEIM *(indem er Werners Hand ergreift):* Und,
Kamerad, das denkst du nicht noch?

WERNER: Nein, das denk ich nicht mehr. – Wer von mir
10 nichts annehmen will, wenn ers bedarf, und ichs habe; der will mir auch nichts geben, wenn ers hat, und
ichs bedarf. – Schon gut! *(Will gehen.)*

VON TELLHEIM: Mensch, mache mich nicht rasend! Wo
willst du hin? *(Hält ihn zurück:)* Wenn ich dich nun
15 auf meine Ehre versichere, daß ich noch Geld habe;
wenn ich dir auf meine Ehre verspreche, daß ich dir
es sagen will, wenn ich keines mehr habe; daß du der
erste und einzige sein sollst, bei dem ich mir etwas
borgen will: – Bist du dann zufrieden?

20 WERNER: Muß ich nicht? – Geben Sie mir die Hand darauf, Herr Major.

VON TELLHEIM: Da, Paul! – Und nun genug davon. Ich
kam hieher, um ein gewisses Mädchen zu sprechen –

Achter Auftritt

25 FRANZISKA *(aus dem Zimmer des Fräuleins).* VON TELL-
HEIM. PAUL WERNER

FRANZISKA *(im Heraustreten):* Sind Sie noch da, Herr
Wachtmeister? – *(Indem sie den Tellheim gewahr
wird:)* Und Sie sind auch da, Herr Major? – Den Au-
30 genblick bin ich zu Ihren Diensten. *(Geht geschwind
wieder in das Zimmer.)*

Neunter Auftritt

VON TELLHEIM. PAUL WERNER

VON TELLHEIM: Das war sie! – Aber ich höre ja, du
  kennst sie, Werner?

WERNER: Ja, ich kenne das Frauenzimmerchen. –   5

VON TELLHEIM: Gleichwohl, wenn ich mich recht erinnere, als ich in Thüringen Winterquartier hatte, warst
  du nicht bei mir?

WERNER: Nein, da besorgte ich in Leipzig Mundierungs-
  stücke[46].   10

VON TELLHEIM: Woher kennst du sie denn also?

WERNER: Unsere Bekanntschaft ist noch blutjung. Sie ist
  von heute. Aber junge Bekanntschaft ist warm.

VON TELLHEIM: Also hast du ihr Fräulein wohl auch
  schon gesehen?   15

WERNER: Ist ihre Herrschaft ein Fräulein? Sie hat mir
  gesagt, Sie kennten ihre Herrschaft.

VON TELLHEIM: Hörst du nicht? aus Thüringen her.

WERNER: Ist das Fräulein jung?

VON TELLHEIM: Ja.   20

WERNER: Schön?

VON TELLHEIM: Sehr schön.

WERNER: Reich?

VON TELLHEIM: Sehr reich.

WERNER: Ist Ihnen das Fräulein auch so gut, wie das   25
  Mädchen? Das wäre ja vortrefflich!

VON TELLHEIM: Wie meinst du?

Zehnter Auftritt

FRANZISKA *(wieder heraus, mit einem Brief in der Hand)*.

VON TELLHEIM. PAUL WERNER   30

FRANZISKA: Herr Major –

VON TELLHEIM: Liebe Franziska, ich habe dich noch
  nicht willkommen heißen können.

FRANZISKA: In Gedanken werden Sie es doch schon ge-

(46) * umgangssprachlich für: Montierungsstücke, Ausstattungsstücke.   35

tan haben. Ich weiß, Sie sind mir gut. Ich Ihnen auch. Aber das ist gar nicht artig, daß Sie Leute, die Ihnen gut sind, so ängstigen.

WERNER *(vor sich):* Ha, nun merk ich. Es ist richtig!

5 VON TELLHEIM: Mein Schicksal, Franziska! – Hast du ihr den Brief übergeben?

FRANZISKA: Ja, und hier übergebe ich Ihnen – *(Reicht ihm den Brief.)*

VON TELLHEIM: Eine Antwort? –

10 FRANZISKA: Nein, Ihren eigenen Brief wieder.

VON TELLHEIM: Was? Sie will ihn nicht lesen?

FRANZISKA: Sie wollte wohl; aber – wir können Geschriebenes nicht gut lesen.

VON TELLHEIM: Schäkerin!

15 FRANZISKA: Und wir denken, daß das Briefschreiben für die nicht erfunden ist, die sich mündlich mit einander unterhalten können, sobald sie wollen.

VON TELLHEIM: Welcher Vorwand! Sie muß ihn lesen. Er enthält meine Rechtfertigung, – alle die Gründe
20 und Ursachen –

FRANZISKA: Die will das Fräulein von Ihnen selbst hören, nicht lesen.

VON TELLHEIM: Von mir selbst hören? Damit mich jedes Wort, jede Miene von ihr verwirre; damit ich in je-
25 dem ihrer Blicke die ganze Größe meines Verlusts empfinde? –

FRANZISKA: Ohne Barmherzigkeit! – Nehmen Sie! *(Sie gibt ihm den Brief.)* Sie erwartet Sie um drei Uhr. Sie will ausfahren, und die Stadt besehen. Sie sollen mit
30 ihr fahren.

VON TELLHEIM: Mit ihr fahren?

FRANZISKA: Und was geben Sie mir, so laß ich Sie beide ganz allein fahren? Ich will zu Hause bleiben.

VON TELLHEIM: Ganz allein?

35 FRANZISKA: In einem schönen verschloßnen Wagen.

VON TELLHEIM: Unmöglich!

FRANZISKA: Ja, ja; im Wagen muß der Herr Major Katz aushalten; da kann er uns nicht entwischen. Darum geschicht es eben. – Kurz, Sie kommen, Herr Major;

und Punkte drei. – Nun? Sie wollten mich ja auch allein sprechen. Was haben Sie mir denn zu sagen? – Ja so, wir sind nicht allein. *(indem sie Wernern ansieht)*

VON TELLHEIM: Doch Franziska; wir wären allein. Aber da das Fräulein den Brief nicht gelesen hat, so habe ich dir noch nichts zu sagen. 5

FRANZISKA: So? wären wir doch allein? Sie haben vor dem Herrn Wachtmeister keine Geheimnisse?

VON TELLHEIM: Nein, keine.

FRANZISKA: Gleichwohl, dünkt mich, sollten Sie welche vor ihm haben. 10

VON TELLHEIM: Wie das?

WERNER: Warum das, Frauenzimmerchen?

FRANZISKA: Besonders Geheimnisse von einer gewissen Art. – Alle zwanzig, Herr Wachtmeister? *(indem sie beide Hände mit gespreizten Fingern in die Höhe hält)* 15

WERNER: St! st! Frauenzimmerchen, Frauenzimmerchen!

VON TELLHEIM: Was heißt das?

FRANZISKA: Husch ists am Finger, Herr Wachtmeister? *(als ob sie einen Ring geschwind ansteckte)* 20

VON TELLHEIM: Was habt ihr?

WERNER: Frauenzimmerchen, Frauenzimmerchen, Sie wird ja wohl Spaß verstehn?

VON TELLHEIM: Werner, du hast doch nicht vergessen, was ich dir mehrmal gesagt habe; daß man über einen gewissen Punkt mit dem Frauenzimmer nie scherzen muß? 25

WERNER: Bei meiner armen Seele, ich kanns vergessen haben! – Frauenzimmerchen, ich bitte – 30

FRANZISKA: Nun wenn es Spaß gewesen ist; dasmal will ich es Ihm verzeihen.

VON TELLHEIM: Wenn ich denn durchaus kommen muß, Franziska: so mache doch nur, daß das Fräulein den Brief vorher noch lieset. Das wird mir die Peinigung ersparen, Dinge noch einmal zu denken, noch einmal zu sagen, die ich so gern vergessen möchte. Da, gib ihr ihn! *(Indem er den Brief umkehrt, und ihr ihn zureichen will, wird er gewahr, daß er erbrochen ist.)* 35

Aber sehe ich recht? Der Brief, Franziska, ist ja erbrochen.

FRANZISKA: Das kann wohl sein. *(Besieht ihn.)* Wahrhaftig er ist erbrochen. Wer muß ihn denn erbrochen haben? Doch gelesen haben wir ihn wirklich nicht, Herr
Major, wirklich nicht. Wir wollen ihn auch nicht lesen, denn der Schreiber kömmt selbst. Kommen Sie
ja; und wissen Sie was, Herr Major? Kommen Sie
nicht so, wie Sie da sind; in Stiefeln, kaum frisiert. Sie
sind zu entschuldigen; Sie haben uns nicht vermutet.
Kommen Sie in Schuhen, und lassen Sie sich frisch
frisieren. – So sehen Sie mir gar zu brav, gar zu preu-
ßisch aus!

VON TELLHEIM: Ich danke dir, Franziska.

FRANZISKA: Sie sehen aus, als ob Sie vorige Nacht kam-
piert hätten.

VON TELLHEIM: Du kannst es erraten haben.

FRANZISKA: Wir wollen uns gleich auch putzen, und sodann essen. Wir behielten Sie gern zum Essen, aber
ihre Gegenwart möchte uns an dem Essen hindern;
und sehen Sie, so gar verliebt sind wir nicht, daß uns
nicht hungerte.

VON TELLHEIM: Ich geh! Franziska, bereite sie indes ein
wenig vor; damit ich weder in ihren, noch in meinen
Augen verächtlich werden darf. – Komm, Werner, du
sollst mit mir essen.

WERNER: An der Wirtstafel, hier im Hause? Da wird mir
kein Bissen schmecken.

VON TELLHEIM: Bei mir auf der Stube.

WERNER: So folge ich Ihnen gleich. Nur noch ein Wort
mit dem Frauenzimmerchen.

VON TELLHEIM: Das gefällt mir nicht übel! *(Geht ab.)*

Elfter Auftritt

PAUL WERNER. FRANZISKA

FRANZISKA: Nun, Herr Wachtmeister? –

WERNER: Frauenzimmerchen, wenn ich wiederkomme,
soll ich auch geputzter kommen?

FRANZISKA: Komm Er, wie Er will, Herr Wachtmeister; meine Augen werden nichts wider Ihn haben. Aber meine Ohren werden desto mehr auf ihrer Hut gegen Ihn sein müssen. – Zwanzig Finger, alle voller Ringe! Ei, ei, Herr Wachtmeister! 5

WERNER: Nein, Frauenzimmerchen; eben das wollt ich Ihr noch sagen: die Schnurre fuhr mir nun so heraus! Es ist nichts dran. Man hat ja wohl an Einem Ringe genug. Und hundert und aber hundertmal, habe ich den Major sagen hören: Das muß ein Schurke von 10 einem Soldaten sein, der ein Mädchen anführen kann! – So denk ich auch, Frauenzimmerchen. Verlaß Sie sich darauf! – Ich muß machen, daß ich ihm nachkomme. – Guten Appetit, Frauenzimmerchen! *(Geht ab.)* 15

FRANZISKA: Gleichfalls, Herr Wachtmeister! – Ich glaube, der Mann gefällt mir! *(Indem sie herein gehen will, kommt ihr das Fräulein entgegen.)*

Zwölfter Auftritt

DAS FRÄULEIN. FRANZISKA 20

DAS FRÄULEIN: Ist der Major schon wieder fort? – Franziska, ich glaube, ich wäre jetzt schon wieder ruhig genug, daß ich ihn hätte hier behalten können.

FRANZISKA: Und ich will Sie noch ruhiger machen.

DAS FRÄULEIN: Desto besser! Sein Brief, o sein Brief! Jede Zeile sprach den ehrlichen, edlen Mann. Jede Weigerung, mich zu besitzen, beteuerte mir seine Liebe. – Er wird es wohl gemerkt haben, daß wir den Brief gelesen. – Mag er doch; wenn er nur kömmt. Er kömmt doch gewiß? – Bloß ein wenig zu viel Stolz, Franziska, scheint mir in seiner Aufführung zu sein. Denn auch seiner Geliebten sein Glück nicht wollen zu danken haben, ist Stolz, unverzeihlicher Stolz! Wenn er mir diesen zu stark merken läßt, Franziska –

FRANZISKA: So wollen Sie seiner entsagen? 35

DAS FRÄULEIN: Ei, sieh doch! Jammert er dich nicht

schon wieder? Nein, liebe Närrin, Eines Fehlers wegen entsagt man keinem Manne. Nein; aber ein
Streich ist mir beigefallen, ihn wegen dieses Stolzes
mit ähnlichem Stolze ein wenig zu martern.

5 FRANZISKA: Nun da müssen Sie ja recht sehr ruhig sein,
mein Fräulein, wenn Ihnen schon wieder Streiche
beifallen.

DAS FRÄULEIN: Ich bin es auch; komm nur. Du wirst
deine Rolle dabei zu spielen haben. *(Sie gehen her-*
10 *ein.)*

Ende des dritten Aufzugs

Vierter Aufzug

Erster Auftritt

(Die Szene, das Zimmer des Fräuleins)
DAS FRÄULEIN *(völlig, und reich, aber mit Geschmack ge-*
kleidet).   5
FRANZISKA *(sie stehen vom Tische auf, den ein Bedienter*
abräumt)
FRANZISKA: Sie können unmöglich satt sein, gnädiges
   Fräulein.
DAS FRÄULEIN: Meinst du, Franziska? Vielleicht, daß   10
   ich mich nicht hungrig niedersetzte.
FRANZISKA: Wir hatten ausgemacht, seiner während der
   Mahlzeit nicht zu erwähnen. Aber wir hätten uns
   auch vornehmen sollen, an ihn nicht zu denken.
DAS FRÄULEIN: Wirklich, ich habe an nichts, als an ihn   15
   gedacht.
FRANZISKA: Das merkte ich wohl. Ich fing von hundert
   Dingen an zu sprechen, und Sie antworteten mir auf
   jedes verkehrt. *(Ein andrer Bedienter trägt Kaffee*
   auf.) Hier kömmt eine Nahrung, bei der man eher   20
   Grillen machen kann. Der liebe melancholische Kaffee!
DAS FRÄULEIN: Grillen? Ich mache keine. Ich denke
   bloß der Lektion nach, die ich ihm geben will. Hast
   du mich recht begriffen, Franziska?   25
FRANZISKA: O ja; am besten aber wäre es, er ersparte sie
   uns.
DAS FRÄULEIN: Du wirst sehen, daß ich ihn von Grund
   aus kenne. Der Mann, der mich jetzt mit allen Reich-
   tümern verweigert, wird mich der ganzen Welt streitig   30
   machen, sobald er hört, daß ich unglücklich und verlassen bin.
FRANZISKA *(sehr ernsthaft):* Und so was muß die feinste
   Eigenliebe unendlich kützeln.
DAS FRÄULEIN: Sittenrichterin! Seht doch! vorhin er-   35

tappte sie mich auf Eitelkeit; jetzt auf Eigenliebe. –
Nun, laß mich nur, liebe Franziska. Du sollst mit deinem Wachtmeister auch machen können, was du
willst.

5 FRANZISKA: Mit meinem Wachtmeister?

DAS FRÄULEIN: Ja, wenn du es vollends leugnest, so ist
es richtig. – Ich habe ihn noch nicht gesehen; aber aus
jedem Worte, das du mir von ihm gesagt hast, pro-
phezeie ich dir deinen Mann.

10 **Zweiter Auftritt**

RICCAUT DE LA MARLINIERE. DAS FRÄULEIN. FRANZISKA

RICCAUT *(noch innerhalb der Szene):* Est-il permis, Monsieur le Major?

FRANZISKA: Was ist das? Will das zu uns? *(Gegen die*
15 *Türe gehend)*

RICCAUT: Parbleu[47]! Ik bin unriktig. – Mais non – Ik
bin nit unriktig – C'est sa chambre –

FRANZISKA: Ganz gewiß, gnädiges Fräulein, glaubt dieser Herr, den Major von Tellheim noch hier zu fin-
20 den.

RICCAUT: Iß so! – Le Major de Tellheim; juste, ma belle
enfant, c'est lui que je cherche. Où est-il?

FRANZISKA: Er wohnt nicht mehr hier.

RICCAUT: Comment? nok vor vier un swanzik Stund
25 hier logier? und logier nit mehr hier? Wo logier er
denn?

DAS FRÄULEIN *(die auf ihn zu kömmt):* Mein Herr, –

RICCAUT: Ah, Madame, – Mademoiselle – Ihro Gnad
verzeih –

30 DAS FRÄULEIN: Mein Herr, Ihre Irrung ist sehr zu vergeben, und Ihre Verwunderung sehr natürlich. Der Herr
Major hat die Güte gehabt, mir, als einer Fremden,
die nicht unter zu kommen wußte, sein Zimmer zu
überlassen.

---

35 (47) * Bei Gott!

RICCAUT: Ah voilà de ses politesses! C'est un très-galanthomme que ce Major!

DAS FRÄULEIN: Wo er indes hingezogen, – wahrhaftig, ich muß mich schämen, es nicht zu wissen.

RICCAUT: Ihro Gnad nit wiß? C'est dommage; j'en suis 5 faché.

DAS FRÄULEIN: Ich hätte mich allerdings darnach erkundigen sollen. Freilich werden ihn seine Freunde noch hier suchen.

RICCAUT: Ik bin sehr von seine Freund, Ihro Gnad – 10

DAS FRÄULEIN: Franziska, weißt du es nicht?

FRANZISKA: Nein, gnädiges Fräulein.

RICCAUT: Ik hätt ihn zu sprek sehr notwendik. Ik komm ihm bringen eine Nouvelle, davon er sehr frölik sein wird. 15

DAS FRÄULEIN: Ich betauere um so viel mehr. – Doch hoffe ich, vielleicht bald, ihn zu sprechen. Ist es gleichviel, aus wessen Munde er diese gute Nachricht erfährt, so erbiete ich mich, mein Herr –

RICCAUT: Ik versteh. – Mademoiselle parle françois? 20 Mais sans doute; telle que je la vois! – La demande etoit bien impolie; Vous me pardonnerés, Mademoiselle. –

DAS FRÄULEIN: Mein Herr –

RICCAUT: Nit? Sie sprek nit Französisch, Ihro Gnad? 25

DAS FRÄULEIN: Mein Herr, in Frankreich würde ich es zu sprechen suchen. Aber warum hier? Ich höre ja, daß Sie mich verstehen, mein Herr. Und ich, mein Herr, werde Sie gewiß auch verstehen; sprechen Sie, wie es Ihnen beliebt. 30

RICCAUT: Gutt, gutt! Ik kann auk mik auf deutsch explizier. – Sachés donc, Mademoiselle – Ihro Gnad soll also wiß, daß ik komm von die Tafel bei der Minister – Minister von – Minister von – wie heiß der Minister da draus? – in der lange Straß? – auf die breite 35 Platz? –

DAS FRÄULEIN: Ich bin hier noch völlig unbekannt.

RICCAUT: Nun, die Minister von der Kriegsdepartement. – Da haben ik zu Mittag gespeisen; – ik speisen à l'ordinaire bei ihm, – und da iß man gekommen reden auf der Major Tellheim; et le Ministre m'a dit en confidence, car Son Excellence est de mes amis, et il n'y a point de mystères entre nous – Se. Exzellenz, will ik sag, haben mir vertrau, daß die Sak von unserm Major sei auf den Point zu enden, und gutt zu enden. Er habe gemakt ein Rapport an den Könik, und der Könik habe darauf resolvier, tout-à-fait en faveur du Major. – Monsieur, m'a dit Son Excellence, Vous comprenés bien, que tout depend de la maniere, dont on fait envisager les choses au Roi, et Vous me connoissés. Cela fait un très-joli garçon que ce Tellheim, et ne sais-je pas que Vous l'aimés? Les amis de mes amis sont aussi les miens. Il coute un peu cher au Roi ce Tellheim, mais est-ce que l'on sert les Rois pour rien? Il faut s'entr'aider en ce monde; et quand il s'agit de pertes, que ce soit le Roi, qui en fasse, et non pas un honnêt-homme de nous autres. Voilà le principe, dont je ne me depars jamais. – Was sag Ihro Gnad hierzu? Nit wahr, daß iß ein brav Mann? Ah que Son Excellence a le cœur bien placé! Er hat mir au reste versiker, wenn der Major nit schon bekommen habe une Lettre de la main – eine Könikliken Handbrief, daß er heut infailliblement müsse bekommen einen.

DAS FRÄULEIN: Gewiß, mein Herr, diese Nachricht wird dem Major von Tellheim höchst angenehm sein. Ich wünschte nur, ihm den Freund zugleich mit Namen nennen zu können, der so viel Anteil an seinem Glükke nimmt –

RICCAUT: Mein Namen wünscht Ihro Gnad? – Vous voyés en moi – Ihro Gnad seh in mik le Chevalier Riccaut de la Marliniere, Seigneur de Pret-au-vol, de la Branche de Prensd'or[48]. – Ihro Gnad steh verwundert, mik aus so ein groß, groß Familie zu hören, qui est veritablement du sang Royal. – Il faut le dire; je suis sans doute le Cadet le plus avantureux, que la

---

(48) * Etwa Herr von Diebslust, aus der Linie derer von Nimmgold.

maison a jamais eu – Ik dien von meiner elfte Jahr.
Ein Affaire d'honneur makte mik fliehen. Darauf haben ik gedienet Sr. Päbstliken Eilikheit, der Republik
St. Marino, der Kron Polen, und den Staaten-Gene-
ral, bis ik endlik bin worden gezogen hierher. Ah, 5
Mademoiselle, que je voudrois n'avoir jamais vû ce
paisla! Hätte man mik gelaß im Dienst von den Staa-
ten-General, so müßt ik nun sein, aufs wenikst
Oberst. Aber so hier immer und ewik Capitaine geblieben, und nun gar sein ein abgedankte Capitaine – 10

DAS FRÄULEIN: Das ist viel Unglück.

RICCAUT: Oui, Mademoiselle, me voilà reformé, et par-
là mis sur le pavé!

DAS FRÄULEIN: Ich beklage sehr.

RICCAUT: Vous étes bien bonne, Mademoiselle – Nein, 15
man kenn sik hier nit auf den Verdienst. Einen
Mann, wie mik, su reformir! Einen Mann, der sik
nok dasu in diesem Dienst hat rouinir! – Ik haben
dabei sugesetzt, mehr als swansik tausend Livres.
Was hab ik nun? Tranchons le mot; je n'ai pas le sou, 20
et me voilà exactement vis-à-vis du rien[49]. –

DAS FRÄULEIN: Es tut mir ungemein leid.

RICCAUT: Vous étes bien bonne, Mademoiselle. Aber
wie man pfleg su sagen: ein jeder Unglück schlepp
nak sik seine Bruder; qu'un malheur ne vient jamais 25
seul: so mit mir arrivir. Was ein Honnêt-homme von
mein Extraction kann anders haben für Resource, als
das Spiel? Nun hab ik immer gespielen mit Glück, so
lang ik hatte nit von nöten der Glück. Nun ik ihr hätte von nöten, Mademoiselle, je joue avec un guignon, 30
qui surpasse toute croyance. Seit funfsehn Tag iß ver-
gangen keine, wo sie mik nit hab gesprenkt. Nok gestern hab sie mik gesprenkt dreimal. Je sais bien, qu'il
y avoit quelque chose de plus que le jeu. Car parmi
mes pontes se trouvoient certaines Dames – Ik will 35
niks weiter sag. Man muß sein galant gegen die Damen. Sie haben auk mik heut invitir, mir zu geben re-

(49) * Sagen wir es geradeheraus; ich habe keinen Pfennig und stehe
buchstäblich vor dem Nichts.

vanche; mais – Vous m'entendés, Mademoiselle –
Man muß erst wiß, wovon leben; ehe man haben
kann, wovon su spielen –

DAS FRÄULEIN: Ich will nicht hoffen, mein Herr –

5 RICCAUT: Vous étes bien bonne, Mademoiselle –

DAS FRÄULEIN *(nimmt die Franziska bei Seite):* Franziska, der Mann tauert mich im Ernste. Ob er mir es
wohl übel nehmen würde, wenn ich ihm etwas an-
böte?

10 FRANZISKA: Der sieht mir nicht darnach aus.

DAS FRÄULEIN: Gut! – Mein Herr, ich höre, – daß Sie
spielen; daß Sie Bank machen; ohne Zweifel an Or-
ten, wo etwas zu gewinnen ist. Ich muß Ihnen beken-
nen, daß ich – gleichfalls das Spiel sehr liebe, –

15 RICCAUT: Tant mieux, Mademoiselle, tant mieux! Tous
les gens d'esprit aiment le jeu à la fureur.

DAS FRÄULEIN: Daß ich sehr gern gewinne; sehr gern
mein Geld mit einem Manne wage, der – zu spielen
weiß. – Wären Sie wohl geneigt, mein Herr, mich in

20 Gesellschaft zu nehmen? mir einen Anteil an Ihrer
Bank zu gönnen?

RICCAUT: Comment, Mademoiselle, Vous voulés étre de
moitié avec moi? De tout mon cœur.

DAS FRÄULEIN: Vors erste, nur mit einer Kleinigkeit –

25 *(Geht und langt Geld aus ihrer Schatulle.)*

RICCAUT: Ah, Mademoiselle, que Vous étes charmante!

DAS FRÄULEIN: Hier habe ich, was ich ohnlängst gewonnen; nur zehn Pistolen – Ich muß mich zwar schämen, so wenig –

30 RICCAUT: Donnés toûjours, Mademoiselle, donnés.
(Nimmt es.)

DAS FRÄULEIN: Ohne Zweifel, daß Ihre Bank, mein
Herr, sehr ansehnlich ist –

RICCAUT: Ja wohl sehr ansehnlik. Sehn Pistol? Ihr Gnad

35 soll sein dafür interessir bei meiner Bank auf ein
Dreiteil, pour le tiers. Swar auf ein Dreiteil sollen
sein – etwas mehr. Dok mit einer schöne Damen muß
man es nehmen nit so genau. Ik gratulier mik, zu
kommen dadurk in liaison mit Ihro Gnad, et de ce

moment je recommence à bien augurer de ma fortune.

DAS FRÄULEIN: Ich kann aber nicht dabei sein, wenn Sie spielen, mein Herr.

RICCAUT: Was brauk Ihro Gnad dabei su sein? Wir andern Spieler sind ehrlike Leut unter einander.

DAS FRÄULEIN: Wenn wir glücklich sind, mein Herr, so werden Sie mir meinen Anteil schon bringen. Sind wir aber unglücklich –

RICCAUT: So komm ik holen Rekruten. Nit wahr, Ihro Gnad?

DAS FRÄULEIN: Auf die Länge dürften die Rekruten fehlen. Verteidigen Sie unser Geld daher ja wohl, mein Herr.

RICCAUT: Wo für seh mik Ihro Gnad an? Für ein Einfalspinse? für ein dumme Teuff?

DAS FRÄULEIN: Verzeihen Sie mir –

RICCAUT: Je suis des Bons, Mademoiselle. Savés-vous ce que cela veut dire? Ik bin von die Ausgelernt –

DAS FRÄULEIN: Aber doch wohl, mein Herr –

RICCAUT: Je sais monter un coup[50] –

DAS FRÄULEIN *(verwundernd):* Sollten Sie? .

RICCAUT: Je file la carte avec une adresse[51] –

DAS FRÄULEIN: Nimmermehr!

RICCAUT: Je fais sauter la coupe avec une dexterité[52] –

DAS FRÄULEIN: Sie werden doch nicht, mein Herr? –

RICCAUT: Was nit? Ihro Gnade, was nit? Donnés-moi un pigeonneau à plumer, et[53] –

DAS FRÄULEIN: Falsch spielen? betrügen?

RICCAUT: Comment, Mademoiselle? Vous appellés cela betrügen? Corriger la fortune, l'enchainer sous ses doits, etre sûr de son fait, das nenn die Deutsch betrügen? betrügen! O, was ist die deutsch Sprak für ein arm Sprak! für ein plump Sprak!

---

(50) * Ich kann hinters Licht führen.
(51) * Ich unterschlage Karten mit einer Geschicklichkeit.
(52) * Ich betrüge beim Kartenmischen mit einer Gewandtheit.
(53) * Geben Sie mir ein Täubchen zu rupfen (einen einfältigen Menschen zu betrügen) und –

DAS FRÄULEIN: Nein, mein Herr, wenn Sie so denken –
RICCAUT: Laissés-moi faire, Mademoiselle, und sein Sie
ruhik! Was gehn Sie an, wie ik spiel? – Genug, morgen entweder sehn mik wieder Ihro Gnad mit hundert
Pistol, oder seh mik wieder gar nit – Votre très-humble, Mademoiselle, votre très-humble – *(Eilends ab.)*
DAS FRÄULEIN *(die ihm mit Erstaunen und Verdruß nach-*
sieht): Ich wünsche das letzte, mein Herr, das letzte!

Dritter Auftritt

DAS FRÄULEIN. FRANZISKA
FRANZISKA *(erbittert):* Kann ich noch reden? O schön! o
schön!
DAS FRÄULEIN: Spotte nur; ich verdiene es. *(Nach einem*
kleinen Nachdenken, und gelassener:) Spotte nicht,
Franziska; ich verdiene es nicht.
FRANZISKA: Vortrefflich! da haben Sie etwas Allerlieb-
stes getan; einen Spitzbuben wieder auf die Beine ge-
holfen.
DAS FRÄULEIN: Es war einem Unglücklichen zugedacht.
FRANZISKA: Und was das Beste dabei ist: der Kerl hält
Sie für seines gleichen. – O ich muß ihm nach, und
ihm das Geld wieder abnehmen. *(Will fort.)*
DAS FRÄULEIN: Franziska, laß den Kaffee nicht vollends
kalt werden; schenk ein.
FRANZISKA: Er muß es Ihnen wiedergeben; Sie haben
sich anders besonnen; Sie wollen mit ihm nicht in Gesellschaft spielen. Zehn Pistolen! Sie hörten ja, Fräulein, daß es ein Bettler war! *(Das Fräulein schenkt in-*
des selbst ein.) Wer wird einem Bettler so viel geben?
Und ihm noch dazu die Erniedrigung, es erbettelt zu
haben, zu ersparen suchen? Den Mildtätigen, der den
Bettler aus Großmut verkennen will, verkennt der
Bettler wieder. Nun mögen Sie es haben, Fräulein,
wenn er Ihre Gabe, ich weiß nicht wofür, ansieht. –
(und reicht der Franziska eine Tasse) Wollen Sie mir
das Blut noch mehr in Wallung bringen? Ich mag

nicht trinken. *(Das Fräulein setzt sie wieder weg.)* –
»Parbleu, Ihro Gnad, man kenn sik hier nit auf den
Verdienst« *(in dem Tone des Franzosen)* Freilich
nicht, wenn man die Spitzbuben so ungehangen herumlaufen läßt.   5

DAS FRÄULEIN *(kalt und nachdenkend, indem sie trinkt):*
Mädchen, du verstehst dich so trefflich auf die guten
Menschen: aber, wenn willst du die schlechten ertra-
gen lernen? – Und sie sind doch auch Menschen. –
Und öfters bei weitem so schlechte Menschen nicht,   10
als sie scheinen. – Man muß ihre gute Seite nur aufsuchen. – Ich bilde mir ein, dieser Franzose ist nichts,
als eitel. Aus bloßer Eitelkeit macht er sich zum falschen Spieler; er will mir nicht verbunden scheinen;
er will sich den Dank ersparen. Vielleicht, daß er nun   15
hingeht, seine kleine Schulden bezahlt, von dem Reste, so weit er reicht, still und sparsam lebt, und an
das Spiel nicht denkt. Wenn das ist, liebe Franziska,
so laß ihn Rekruten holen, wenn er will. – *(Gibt ihr
die Tasse.)* Da, setz weg! – Aber, sage mir, sollte Tell-   20
heim nicht schon da sein?

FRANZISKA: Nein, gnädiges Fräulein; ich kann beides
nicht; weder an einem schlechten Menschen die gute,
noch an einem guten Menschen die böse Seite aufsu-
chen.   25

DAS FRÄULEIN: Er kömmt doch ganz gewiß? –

FRANZISKA: Er sollte wegbleiben! – Sie bemerken an
ihm, an ihm, dem besten Manne, ein wenig Stolz,
und darum wollen Sie ihn so grausam necken?

DAS FRÄULEIN: Kömmst du da wieder hin? – Schweig,   30
das will ich nun einmal so. Wo du mir diese Lust ver-
dirbst; wo du nicht alles sagst und tust, wie wir es ab-
geredet haben! – Ich will dich schon allein mit ihm
lassen; und dann – – Jetzt kömmt er wohl.

Vierter Auftritt

PAUL WERNER *(der in einer steifen Stellung, gleichsam im Dienste, hereintritt)*. DAS FRÄULEIN. FRANZISKA

FRANZISKA: Nein, es ist nur sein lieber Wachtmeister.

5 DAS FRÄULEIN: Lieber Wachtmeister? Auf wen bezieht sich dieses Lieber?

FRANZISKA: Gnädiges Fräulein, machen Sie mir den Mann nicht verwirrt. – Ihre Dienerin, Herr Wachtmeister; was bringen Sie uns?

10 WERNER *(geht, ohne auf die Franziska zu achten, an das Fräulein):* Der Major von Tellheim läßt an das gnädige Fräulein von Barnhelm durch mich, den Wachtmeister Werner, seinen untertänigen Respekt vermelden, und sagen, daß er sogleich hier sein werde.

15 DAS FRÄULEIN: Wo bleibt er denn?

WERNER: Ihro Gnaden werden verzeihen; wir sind, noch vor dem Schlage drei, aus dem Quartier gegangen; aber da hat ihn der Kriegszahlmeister unterwegens angeredt; und weil mit dergleichen Herrn des Redens

20 immer kein Ende ist: so gab er mir einen Wink, dem gnädigen Fräulein den Vorfall zu rapportieren.

DAS FRÄULEIN: Recht wohl, Herr Wachtmeister. Ich wünsche nur, daß der Kriegszahlmeister dem Major etwas Angenehmes möge zu sagen haben.

25 WERNER: Das haben dergleichen Herren den Offizieren selten. – Haben Ihro Gnaden etwas zu befehlen? *(im Begriffe wieder zu gehen)*

FRANZISKA: Nun, wo denn schon wieder hin, Herr Wachtmeister? Hätten wir denn nichts mit einander

30 zu plaudern?

WERNER *(sachte zur Franziska, und ernsthaft):* Hier nicht, Frauenzimmerchen. Es ist wider den Respekt, wider die Subordination. – Gnädiges Fräulein –

DAS FRÄULEIN: Ich danke für Seine Bemühung, Herr

35 Wachtmeister. – Es ist mir lieb gewesen, Ihn kennen zu lernen. Franziska hat mir viel Gutes von Ihm gesagt. *(Werner macht eine steife Verbeugung, und geht ab.)*

Fünfter Auftritt

DAS FRÄULEIN. FRANZISKA

DAS FRÄULEIN: Das ist dein Wachtmeister, Franziska?

FRANZISKA: Wegen des spöttischen Tones habe ich nicht
Zeit, dieses Dein nochmals aufzumutzen[54]. – – Ja, 5
gnädiges Fräulein, das ist mein Wachtmeister. Sie finden ihn, ohne Zweifel, ein wenig steif und hölzern.
Jetzt kam er mir fast auch so vor. Aber ich merke
wohl; er glaubte, vor Ihro Gnaden, auf die Parade
ziehen zu müssen. Und wenn die Soldaten paradie- 10
ren, – ja freilich scheinen sie da mehr Drechslerpup-
pen, als Männer. Sie sollten ihn hingegen nur sehn
und hören, wenn er sich selbst gelassen ist.

DAS FRÄULEIN: Das müßte ich denn wohl!

FRANZISKA: Er wird noch auf dem Saale sein. Darf ich 15
nicht gehn, und ein wenig mit ihm plaudern?

DAS FRÄULEIN: Ich versage dir ungern dieses Vergnügen.
Du mußt hier bleiben, Franziska. Du mußt bei unserer Unterredung gegenwärtig sein. – Es fällt mir noch
etwas bei. *(Sie zieht ihren Ring vom Finger.)* Da, 20
nimm meinen Ring, verwahre ihn, und gib mir des
Majors seinen dafür.

FRANZISKA: Warum das?

DAS FRÄULEIN *(indem Franziska den andern Ring holt):*
Recht weiß ich es selbst nicht; aber mich dünkt, ich 25
sehe so etwas voraus, wo ich ihn brauchen könnte. –
Man pocht – Geschwind gib her! *(Sie steckt ihn an.)*
Er ists!

Sechster Auftritt

VON TELLHEIM *(in dem nämlichen Kleide, aber sonst so,* 30
wie es Franziska verlangt). DAS FRÄULEIN. FRANZISKA

VON TELLHEIM: Gnädiges Fräulein, Sie werden mein
Verweilen entschuldigen –

DAS FRÄULEIN: O, Herr Major, so gar militärisch wollen

(54) * vorhalten; Vorwürfe machen. 35

wir es mit einander nicht nehmen. Sie sind ja da! Und
ein Vergnügen erwarten, ist auch ein Vergnügen. –
Nun? *(indem sie ihm lächelnd ins Gesicht sieht:)* lieber
Tellheim, waren wir nicht vorhin Kinder?

5 VON TELLHEIM: Ja wohl Kinder, gnädiges Fräulein; Kinder, die sich sperren, wo sie gelassen folgen sollten.

DAS FRÄULEIN: Wir wollen ausfahren, lieber Major, –
die Stadt ein wenig zu besehen, – und hernach, meinem Oheim entgegen.

10 VON TELLHEIM: Wie?

DAS FRÄULEIN: Sehen Sie; auch das Wichtigste haben
wir einander noch nicht sagen können. Ja, er trifft
noch heut hier ein. Ein Zufall ist Schuld, daß ich, einen Tag früher, ohne ihn angekommen bin.

15 VON TELLHEIM: Der Graf von Bruchsall? Ist er zurück?

DAS FRÄULEIN: Die Unruhen des Krieges verscheuchten
ihn nach Italien; der Friede hat ihn wieder zurückge-
bracht. – Machen Sie sich keine Gedanken, Tellheim.
Besorgten wir schon ehemals das stärkste Hindernis
20 unsrer Verbindung von seiner Seite –

VON TELLHEIM: Unserer Verbindung?

DAS FRÄULEIN: Er ist Ihr Freund. Er hat von zu vielen,
zu viel Gutes von Ihnen gehört, um es nicht zu sein.
Er brennet, den Mann von Antlitz zu kennen, den
25 seine einzige Erbin gewählt hat. Er kömmt als Oheim,
als Vormund, als Vater, mich Ihnen zu übergeben.

VON TELLHEIM: Ah, Fräulein, warum haben Sie meinen
Brief nicht gelesen? Warum haben Sie ihn nicht lesen
wollen?

30 DAS FRÄULEIN: Ihren Brief? Ja, ich erinnere mich, Sie
schickten mir einen. Wie war es denn mit diesem
Briefe, Franziska? Haben wir ihn gelesen, oder haben
wir ihn nicht gelesen? Was schrieben Sie mir denn,
lieber Tellheim? –

35 VON TELLHEIM: Nichts, als was mir die Ehre befiehlt.

DAS FRÄULEIN: Das ist, ein ehrliches Mädchen, die Sie
liebt, nicht sitzen zu lassen. Freilich befiehlt das die
Ehre. Gewiß ich hätte den Brief lesen sollen. Aber
was ich nicht gelesen habe, das höre ich ja.

VON TELLHEIM: Ja, Sie sollen es hören –

DAS FRÄULEIN: Nein, ich brauch es auch nicht einmal zu
hören. Es versteht sich von selbst. Sie könnten eines
so häßlichen Streiches fähig sein, daß Sie mich nun
nicht wollten? Wissen Sie, daß ich auf Zeit meines 5
Lebens beschimpft wäre? Meine Landsmänninnen
würden mit Fingern auf mich weisen. – »Das ist sie,
würde es heißen, das ist das Fräulein von Barnhelm,
die sich einbildete, weil sie reich sei, den wackern
Tellheim zu bekommen: als ob die wackern Männer 10
für Geld zu haben wären!« So würde es heißen: denn
meine Landsmänninnen sind alle neidisch auf mich.
Daß ich reich bin, können sie nicht leugnen; aber davon wollen sie nichts wissen, daß ich auch sonst noch
ein ziemlich gutes Mädchen bin, das seines Mannes 15
wert ist. Nicht wahr, Tellheim?

VON TELLHEIM: Ja, ja, gnädiges Fräulein, daran erkenne
ich Ihre Landsmänninnen. Sie werden Ihnen einen
abgedankten, an seiner Ehre gekränkten Offizier, einen Krüppel, einen Bettler, trefflich beneiden. 20

DAS FRÄULEIN: Und das alles wären Sie? Ich hörte so
was, wenn ich mich nicht irre, schon heute Vormitta-
ge. Da ist Böses und Gutes unter einander. Lassen Sie
uns doch jedes näher beleuchten. – Verabschiedet
sind Sie? So höre ich. Ich glaubte, Ihr Regiment sei 25
bloß untergesteckt[55] worden. Wie ist es gekommen,
daß man einen Mann von Ihren Verdiensten nicht
beibehalten?

VON TELLHEIM: Es ist gekommen, wie es kommen müssen. Die Großen haben sich überzeugt, daß ein Soldat 30
aus Neigung für sie ganz wenig, aus Pflicht nicht viel
mehr: aber alles seiner eignen Ehre wegen tut. Was
können sie ihm also schuldig zu sein glauben? Der
Friede hat ihnen mehrere meines gleichen entbehrlich
gemacht; und am Ende ist ihnen niemand unentbehr- 35
lich.

DAS FRÄULEIN: Sie sprechen, wie ein Mann sprechen
muß, dem die Großen hinwiederum sehr entbehrlich

(55) * auf andere Regimenter verteilt.

sind. Und niemals waren sie es mehr, als jetzt. Ich sage den Großen meinen großen Dank, daß sie ihre Ansprüche auf einen Mann haben fahren lassen, den ich doch nur sehr ungern mit ihnen geteilet hätte. –
5 Ich bin Ihre Gebieterin, Tellheim; Sie brauchen weiter keinen Herrn. – Sie verabschiedet zu finden, das Glück hätte ich mir kaum träumen lassen! – Doch Sie sind nicht bloß verabschiedet: Sie sind noch mehr. Was sind Sie noch mehr? Ein Krüppel: sagten Sie?
10 Nun, *(indem sie ihn von oben bis unten betrachtet:)* der Krüppel ist doch noch ziemlich ganz und gerade; scheinet doch noch ziemlich gesund und stark. – Lieber Tellheim, wenn Sie auf den Verlust Ihrer gesunden Gliedmaßen betteln zu gehen denken: so prophe-
15 zeie ich Ihnen voraus, daß Sie vor den wenigsten Türen etwas bekommen werden; ausgenommen vor den Türen der gutherzigen Mädchen, wie ich.

VON TELLHEIM: Jetzt höre ich nur das mutwillige Mädchen, liebe Minna.

20 DAS FRÄULEIN: Und ich höre in Ihrem Verweise nur das Liebe Minna. – Ich will nicht mehr mutwillig sein. Denn ich besinne mich, daß Sie allerdings ein kleiner Krüppel sind. Ein Schuß hat Ihnen den rechten Arm ein wenig gelähmt. – Doch alles wohl überlegt: so ist
25 auch das so schlimm nicht. Um so viel sicherer bin ich vor Ihren Schlägen.

VON TELLHEIM: Fräulein!

DAS FRÄULEIN: Sie wollen sagen: Aber Sie um so viel weniger vor meinen. Nun, nun, lieber Tellheim, ich
30 hoffe, Sie werden es nicht dazu kommen lassen.

VON TELLHEIM: Sie wollen lachen, mein Fräulein. Ich beklage nur, daß ich nicht mit lachen kann.

DAS FRÄULEIN: Warum nicht? Was haben Sie denn gegen das Lachen? Kann man denn auch nicht lachend
35 sehr ernsthaft sein? Lieber Major, das Lachen erhält uns vernünftiger, als der Verdruß. Der Beweis liegt vor uns. Ihre lachende Freundin beurteilet Ihre Umstände weit richtiger, als Sie selbst. Weil Sie verabschiedet sind, nennen Sie sich an Ihrer Ehre gekränkt:

weil Sie einen Schuß in dem Arme haben, machen Sie
sich zu einem Krüppel. Ist das so recht? Ist das keine
Übertreibung? Und ist es meine Einrichtung, daß alle
Übertreibungen des Lächerlichen so fähig sind? Ich
wette, wenn ich Ihren Bettler nun vornehme, daß 5
auch dieser eben so wenig Stich halten wird. Sie werden einmal, zweimal, dreimal Ihre Equipage[56] verloren haben; bei dem oder jenem Banquier werden einige Kapitale jetzt mit schwinden; Sie werden diesen
und jenen Vorschuß, den Sie im Dienste getan, keine 10
Hoffnung haben, wieder zu erhalten: aber sind Sie
darum ein Bettler? Wenn Ihnen auch nichts übrig geblieben ist, als was mein Oheim für Sie mitbringt –

VON TELLHEIM: Ihr Oheim, gnädiges Fräulein, wird für
mich nichts mitbringen. 15

DAS FRÄULEIN: Nichts, als die zweitausend Pistolen, die
Sie unsern Ständen so großmütig vorschossen.

VON TELLHEIM: Hätten Sie doch nur meinen Brief gelesen, gnädiges Fräulein!

DAS FRÄULEIN: Nun ja, ich habe ihn gelesen. Aber was 20
ich über diesen Punkt darin gelesen, ist mir ein wah-
res Rätsel. Unmöglich kann man Ihnen aus einer edlen Handlung ein Verbrechen machen wollen. – Erklären Sie mir doch, lieber Major –

VON TELLHEIM: Sie erinnern sich, gnädiges Fräulein, 25
daß ich Ordre hatte, in den Ämtern Ihrer Gegend die
Kontribution mit der äußersten Strenge bar beizutrei-
ben. Ich wollte mir diese Strenge ersparen, und schoß
die fehlende Summe selbst vor. –

DAS FRÄULEIN: Ja wohl erinnere ich mich. – Ich liebte 30
Sie um dieser Tat willen, ohne Sie noch gesehen zu
haben.

VON TELLHEIM: Die Stände gaben mir ihren Wechsel,
und diesen wollte ich, bei Zeichnung des Friedens,
unter die zu ratihabierende[57] Schulden eintragen las- 35
sen. Der Wechsel ward für gültig erkannt, aber mir
ward das Eigentum desselben streitig gemacht. Man

(56) * Siehe Anm. 12.
(57) * zu bestätigende.

zog spöttisch das Maul, als ich versicherte, die Valute bar hergegeben zu haben. Man erklärte ihn für eine Bestechung, für das Gratial[58] der Stände, weil ich sobald mit ihnen auf die niedrigste Summe einig geworden war, mit der ich mich nur im äußersten Notfall zu begnügen, Vollmacht hatte. So kam der Wechsel aus meinen Händen, und wenn er bezahlt wird, wird er sicherlich nicht an mich bezahlt. – Hierdurch, mein Fräulein, halte ich meine Ehre für gekränkt; nicht durch den Abschied, den ich gefordert haben würde, wenn ich ihn nicht bekommen hätte. – Sie sind ernsthaft, mein Fräulein? Warum lachen Sie nicht? Ha, ha, ha! Ich lache ja.

DAS FRÄULEIN: O, ersticken Sie dieses Lachen, Tellheim! Ich beschwöre Sie. Es ist das schreckliche Lachen des Menschenhasses! Nein, Sie sind der Mann nicht, den eine gute Tat reuen kann, weil sie üble Folgen für ihn hat. Nein, unmöglich können diese üble Folgen dauren! Die Wahrheit muß an den Tag kommen. Das Zeugnis meines Oheims, aller unsrer Stände –

VON TELLHEIM: Ihres Oheims! Ihrer Stände! Ha, ha, ha!

DAS FRÄULEIN: Ihr Lachen tötet mich, Tellheim! Wenn Sie an Tugend und Vorsicht[59] glauben, Tellheim, so lachen Sie so nicht! Ich habe nie fürchterlicher fluchen hören, als Sie lachen. – Und lassen Sie uns das Schlimmste setzen! Wenn man Sie hier durchaus verkennen will: so kann man Sie bei uns nicht verkennen. Nein, wir können, wir werden Sie nicht verkennen, Tellheim. Und wenn unsere Stände die geringste Empfindung von Ehre haben, so weiß ich was sie tun müssen. Doch ich bin nicht klug: was wäre das nötig? Bilden Sie sich ein, Tellheim, Sie hätten die zweitausend Pistolen an einem wilden Abende verloren. Der König war eine unglückliche Karte für Sie: die Dame *(auf sich weisend:)* wird Ihnen desto günstiger sein. – Die Vorsicht, glauben Sie mir, hält den ehrlichen Mann immer schadlos; und öfters schon im voraus.

(58) * Dankgeschenk.
(59) * Vorsehung.

Die Tat, die Sie einmal um zweitausend Pistolen bringen sollte, erwarb mich Ihnen. Ohne diese Tat, würde
ich nie begierig gewesen sein, Sie kennen zu lernen.
Sie wissen, ich kam uneingeladen in die erste Gesellschaft, wo ich Sie zu finden glaubte. Ich kam bloß   5
Ihrentwegen. Ich kam in dem festen Vorsatze, Sie zu
lieben, – ich liebte Sie schon! – in dem festen Vorsatze, Sie zu besitzen, wenn ich Sie auch so schwarz und
häßlich finden sollte, als den Mohr von Venedig. Sie
sind so schwarz und häßlich nicht; auch so eifersüch-   10
tig werden Sie nicht sein. Aber Tellheim, Tellheim,
Sie haben doch noch viel Ähnliches mit ihm! O, über
die wilden, unbiegsamen Männer, die nur immer ihr
stieres Auge auf das Gespenst der Ehre heften! für alles andere Gefühl sich verhärten! – Hierher Ihr Auge!   15
auf mich, Tellheim! *(der indes vertieft, und unbeweg-
lich, mit starren Augen immer auf eine Stelle gesehen)*
Woran denken Sie? Sie hören mich nicht?

VON TELLHEIM *(zerstreut):* O ja! Aber sagen Sie mir
doch, mein Fräulein, wie kam der Mohr in venetiani-   20
sche Dienste? Hatte der Mohr kein Vaterland? Warum vermietete er seinen Arm und sein Blut einem
fremden Staate? –

DAS FRÄULEIN *(erschrocken):* Wo sind Sie, Tellheim? –
Nun ist es Zeit, daß wir abbrechen; – Kommen Sie!   25
(indem sie ihn bei der Hand ergreift:) – Franziska, laß
den Wagen vorfahren.

VON TELLHEIM *(der sich von dem Fräulein los reißt und
der Franziska nachgeht):* Nein, Franziska; ich kann
nicht die Ehre haben, das Fräulein zu begleiten. –   30
Mein Fräulein, lassen Sie mir noch heute meinen gesunden Verstand, und beurlauben Sie mich. Sie sind
auf dem besten Wege, mich darum zu bringen. Ich
stemme mich, so viel ich kann. – Aber weil ich noch
bei Verstande bin: so hören Sie, mein Fräulein, was   35
ich fest beschlossen habe; wovon mich nichts in der
Welt abbringen soll. – Wenn nicht noch ein glücklicher Wurf für mich im Spiele ist, wenn sich das Blatt
nicht völlig wendet, wenn –

DAS FRÄULEIN: Ich muß Ihnen ins Wort fallen, Herr Major. – Das hätten wir ihm gleich sagen sollen, Franziska. Du erinnerst mich auch an gar nichts. – Unser Gespräch würde ganz anders gefallen sein, Tellheim, wenn ich mit der guten Nachricht angefangen hätte, die Ihnen der Chevalier de la Marliniere nur eben zu bringen kam.

VON TELLHEIM: Der Chevalier de la Marliniere? Wer ist das?

FRANZISKA: Es mag ein ganz guter Mann sein, Herr Major, bis auf –

DAS FRÄULEIN: Schweig, Franziska! – Gleichfalls ein verabschiedeter Offizier, der aus holländischen Diensten –

VON TELLHEIM: Ha! der Lieutenant Riccaut!

DAS FRÄULEIN: Er versicherte, daß er Ihr Freund sei.

VON TELLHEIM: Ich versichere, daß ich seiner nicht bin.

DAS FRÄULEIN: Und daß ihm, ich weiß nicht welcher Minister, vertrauet habe, Ihre Sache sei dem glücklichsten Ausgange nahe. Es müsse ein Königliches Handschreiben an Sie unterwegens sein. –

VON TELLHEIM: Wie kämen Riccaut und ein Minister zusammen? – Etwas zwar muß in meiner Sache geschehen sein. Denn nur jetzt erklärte mir der Kriegszahlmeister, daß der König alles niedergeschlagen habe, was wider mich urgieret[59a] worden; und daß ich mein schriftlich gegebenes Ehrenwort, nicht eher von hier zu gehen, als bis man mich völlig entladen[60] habe, wieder zurücknehmen könne. – Das wird es aber auch alles sein. Man wird mich wollen laufen lassen. Allein man irrt sich; ich werde nicht laufen. Eher soll mich hier das äußerste Elend, vor den Augen meiner Verleumder, verzehren –

DAS FRÄULEIN: Hartnäckiger Mann!

VON TELLHEIM: Ich brauche keine Gnade; ich will Gerechtigkeit. Meine Ehre –

DAS FRÄULEIN: Die Ehre eines Mannes, wie Sie –

VON TELLHEIM *(hitzig):* Nein, mein Fräulein, Sie werden

(59a) * vorgebracht, mit Nachdruck betrieben.
(60) * entlastet.

von allen Dingen recht gut urteilen können, nur hierüber nicht. Die Ehre ist nicht die Stimme unsers Gewissens, nicht das Zeugnis weniger Rechtschaffenen – –

DAS FRÄULEIN: Nein, nein, ich weiß wohl. – Die Ehre ist – die Ehre.

VON TELLHEIM: Kurz, mein Fräulein, – Sie haben mich nicht ausreden lassen. – Ich wollte sagen: wenn man mir das Meinige so schimpflich vorenthält, wenn meiner Ehre nicht die vollkommenste Genugtuung geschieht; so kann ich, mein Fräulein, der Ihrige nicht sein. Denn ich bin es in den Augen der Welt nicht wert, zu sein. Das Fräulein von Barnhelm verdienet einen unbescholtenen Mann. Es ist eine nichtswürdige Liebe, die kein Bedenken trägt, ihren Gegenstand der Verachtung auszusetzen. Es ist ein nichtswürdiger Mann, der sich nicht schämet, sein ganzes Glück einem Frauenzimmer zu verdanken, dessen blinde Zärtlichkeit –

DAS FRÄULEIN: Und das ist Ihr Ernst, Herr Major? – *(Indem sie ihm plötzlich den Rücken wendet:)* Franziska!

VON TELLHEIM: Werden Sie nicht ungehalten, mein Fräulein –

DAS FRÄULEIN *(bei Seite zur Franziska):* Jetzt wäre es Zeit! Was rätst du mir, Franziska? –

FRANZISKA: Ich rate nichts. Aber freilich macht er es Ihnen ein wenig zu bunt. –

VON TELLHEIM *(der sie zu unterbrechen kömmt):* Sie sind ungehalten, mein Fräulein –

DAS FRÄULEIN *(höhnisch):* Ich? im geringsten nicht.

VON TELLHEIM: Wenn ich Sie weniger liebte, mein Fräulein –

DAS FRÄULEIN *(noch in diesem Tone):* O gewiß, es wäre mein Unglück! – Und sehen Sie, Herr Major, ich will Ihr Unglück auch nicht. – Man muß ganz uneigennützig lieben. – Eben so gut, daß ich nicht offenherziger gewesen bin! Vielleicht würde mir Ihr Mitleid gewähret haben, was mir Ihre Liebe versagt. – *(indem sie den Ring langsam vom Finger zieht)*

VON TELLHEIM: Was meinen Sie damit, Fräulein?

DAS FRÄULEIN: Nein, keines muß das andere, weder glücklicher noch unglücklicher machen. So will es die wahre Liebe! Ich glaube Ihnen, Herr Major; und Sie haben zu viel Ehre, als daß Sie die Liebe verkennen sollten.

VON TELLHEIM: Spotten Sie, mein Fräulein?

DAS FRÄULEIN: Hier! Nehmen Sie den Ring wieder zurück, mit dem Sie mir Ihre Treue verpflichtet. *(Überreicht ihm den Ring.)* Es sei drum! Wir wollen einander nicht gekannt haben!

VON TELLHEIM: Was höre ich?

DAS FRÄULEIN: Und das befremdet Sie? – Nehmen Sie, mein Herr. – Sie haben sich doch wohl nicht bloß gezieret?

VON TELLHEIM *(indem er den Ring aus ihrer Hand nimmt):* Gott! So kann Minna sprechen! –

DAS FRÄULEIN: Sie können der Meinige in Einem Falle nicht sein: ich kann die Ihrige, in keinem sein. Ihr Unglück ist wahrscheinlich; meines ist gewiß – Leben Sie wohl! *(Will fort.)*

VON TELLHEIM: Wohin, liebste Minna? –

DAS FRÄULEIN: Mein Herr, Sie beschimpfen mich jetzt mit dieser vertraulichen Benennung.

VON TELLHEIM: Was ist Ihnen, mein Fräulein? Wohin?

DAS FRÄULEIN: Lassen Sie mich. – Meine Tränen vor Ihnen zu verbergen, Verräter!

(Geht ab.)

Siebenter Auftritt

VON TELLHEIM. FRANZISKA

VON TELLHEIM: Ihre Tränen? Und ich sollte sie lassen?
(Will ihr nach.)

FRANZISKA *(die ihn zurückhält):* Nicht doch, Herr Major! Sie werden ihr ja nicht in ihr Schlafzimmer folgen wollen?

VON TELLHEIM: Ihr Unglück? Sprach sie nicht von Unglück?

FRANZISKA: Nun freilich; das Unglück, Sie zu verlieren, nachdem –

VON TELLHEIM: Nachdem? was nachdem? Hier hinter steckt mehr. Was ist es, Franziska? Rede, sprich –

FRANZISKA: Nachdem sie, wollte ich sagen, – Ihnen so ⁵ vieles aufgeopfert.

VON TELLHEIM: Mir aufgeopfert?

FRANZISKA: Hören Sie nur kurz. – Es ist für Sie recht gut, Herr Major, daß Sie auf diese Art von ihr los ge- kommen sind. – Warum soll ich es Ihnen nicht sa- ¹⁰ gen? Es kann doch länger kein Geheimnis bleiben. – Wir sind entflohen! – Der Graf von Bruchsall hat das Fräulein enterbt, weil sie keinen Mann von seiner Hand annehmen wollte. Alles verließ, alles verachtete sie hierauf. Was sollten wir tun? Wir entschlossen uns ¹⁵ denjenigen aufzusuchen, dem wir –

VON TELLHEIM: Ich habe genug! – Komm, ich muß mich zu ihren Füßen werfen.

FRANZISKA: Was denken Sie? Gehen Sie vielmehr, und danken Ihrem guten Geschicke – ²⁰

VON TELLHEIM: Elende! für wen hältst du mich? – Nein, liebe Franziska, der Rat kam nicht aus deinem Her- zen. Vergib meinem Unwillen!

FRANZISKA: Halten Sie mich nicht länger auf. Ich muß sehen, was sie macht. Wie leicht könnte ihr etwas zu- ²⁵ gestoßen sein. – Gehen Sie! Kommen Sie lieber wie- der, wenn Sie wieder kommen wollen. *(Geht dem Fräulein nach.)*

Achter Auftritt

VON TELLHEIM ³⁰
    Aber, Franziska! – O, ich erwarte euch hier! – Nein, das ist dringender! – Wenn sie Ernst sieht, kann mir ihre Vergebung nicht entstehen[61]. – Nun brauch ich dich, ehrlicher Werner! – Nein, Minna, ich bin kein Verräter! *(Eilends ab.)* ³⁵

Ende des vierten Aufzuges

_____

(61) * ausbleiben.

Fünfter Aufzug

Erster Auftritt

(Die Szene, der Saal)
VON TELLHEIM *von der einen und* WERNER *von der andern*
5 *Seite*

VON TELLHEIM: Ha, Werner! ich suche dich überall. Wo
steckst du?

WERNER: Und ich habe Sie gesucht, Herr Major; so
gehts mit dem Suchen. – Ich bringe Ihnen gar eine
10 gute Nachricht.

VON TELLHEIM: Ah, ich brauche jetzt nicht deine Nach-
richten: ich brauche dein Geld. Geschwind, Werner,
gib mir so viel du hast; und denn suche so viel auf-
zubringen, als du kannst.

15 WERNER: Herr Major? – Nun, bei meiner armen Seele,
habe ichs doch gesagt: er wird Geld von mir borgen,
wenn er selber welches zu verleihen hat.

VON TELLHEIM: Du suchst doch nicht Ausflüchte?

WERNER: Damit ich ihm nichts vorzuwerfen habe, so
20 nimmt er mirs mit der Rechten, und gibt mirs mit der
Linken wieder.

VON TELLHEIM: Halte mich nicht auf, Werner! – Ich habe den guten Willen, dir es wieder zu geben; aber
wenn und wie? – Das weiß Gott!

25 WERNER: Sie wissen es also noch nicht, daß die Hofstaatskasse Ordre hat, Ihnen Ihre Gelder zu bezahlen? Eben erfuhr ich es bei –

VON TELLHEIM: Was plauderst du? Was lässest du dir
weis machen? Begreifst du denn nicht, daß, wenn es
30 wahr wäre, ich es doch wohl am ersten wissen müßte?
– Kurz, Werner, Geld! Geld!

WERNER: Je nu, mit Freuden! hier ist was! – Das sind
die hundert Louisdor, und das die hundert Dukaten.
– *(Gibt ihm beides.)*

35 VON TELLHEIM: Die hundert Louisdor, Werner, geh und

bringe Justen. Er soll sogleich den Ring wieder einlö-
sen, den er heute früh versetzt hat. – Aber wo wirst du
mehr hernehmen, Werner? – Ich brauche weit mehr.

WERNER: Dafür lassen Sie mich sorgen. – Der Mann,
der mein Gut gekauft hat, wohnt in der Stadt. Der   5
Zahlungstermin wäre zwar erst in vierzehn Tagen;
aber das Geld liegt parat, und ein halb Prozentchen
Abzug –

VON TELLHEIM: Nun ja, lieber Werner! – Siehst du, daß
ich meine einzige Zuflucht zu dir nehme? – Ich muß   10
dir auch alles vertrauen. Das Fräulein hier, – du hast
sie gesehn, – ist unglücklich –

WERNER: O Jammer!

VON TELLHEIM: Aber morgen ist sie meine Frau –

WERNER: O Freude!   15

VON TELLHEIM: Und übermorgen, geh ich mit ihr fort.
Ich darf fort; ich will fort. Lieber hier alles im Stiche
gelassen! Wer weiß, wo mir sonst ein Glück aufgehoben ist. Wenn du willst, Werner, so komm mit. Wir
wollen wieder Dienste nehmen.   20

WERNER: Wahrhaftig? – Aber doch wos Krieg gibt, Herr
Major?

VON TELLHEIM: Wo sonst? – Geh, lieber Werner, wir
sprechen davon weiter.

WERNER: O Herzensmajor! – Übermorgen? Warum   25
nicht lieber morgen? – Ich will schon alles zusam-
menbringen – In Persien[62], Herr Major, gibts einen
trefflichen Krieg; was meinen Sie?

VON TELLHEIM: Wir wollen das überlegen; geh nur, Werner! –   30

WERNER: Juchhe! es lebe der Prinz Heraklius! *(Geht ab.)*

---

(62) * Siehe Anm. 19 und 21.

Zweiter Auftritt

VON TELLHEIM
    Wie ist mir? – Meine ganze Seele hat neue Triebfe-
    dern bekommen. Mein eignes Unglück schlug mich
5   nieder; machte mich ärgerlich, kurzsichtig, schüch-
    tern, lässig: ihr Unglück hebt mich empor, ich sehe
    wieder frei um mich, und fühle mich willig und stark,
    alles für sie zu unternehmen – Was verweile ich?
    (Will nach dem Zimmer des Fräuleins, aus dem ihm
10 *Franziska entgegen kömmt.)*

Dritter Auftritt

FRANZISKA. VON TELLHEIM
FRANZISKA: Sind Sie es doch? – Es war mir, als ob ich
    Ihre Stimme hörte. – Was wollen Sie, Herr Major?
15 VON TELLHEIM: Was ich will? – Was macht dein Fräu-
    lein? – Komm! –
FRANZISKA: Sie will den Augenblick ausfahren.
VON TELLHEIM: Und allein? ohne mich? wohin?
FRANZISKA: Haben Sie vergessen, Herr Major?
20 VON TELLHEIM: Bist du nicht klug, Franziska? – Ich ha-
    be sie gereizt, und sie ward empfindlich: ich werde sie
    um Vergebung bitten, und sie wird mir vergeben.
FRANZISKA: Wie? – Nachdem Sie den Ring zurückge-
    nommen, Herr Major?
25 VON TELLHEIM: Ha! – das tat ich in der Betäubung. –
    Jetzt denk ich erst wieder an den Ring. – Wo habe ich
    ihn hingesteckt? – *(Er sucht ihn.)* Hier ist er.
FRANZISKA: Ist er das? *(Indem er ihn wieder einsteckt,
    bei Seite:)* Wenn er ihn doch genauer besehen wollte!
30 VON TELLHEIM: Sie drang mir ihn auf, mit einer Bitter-
    keit – Ich habe diese Bitterkeit schon vergessen. Ein
    volles Herz kann die Worte nicht wägen. – Aber sie
    wird sich auch keinen Augenblick weigern, den Ring
    wieder anzunehmen. – Und habe ich nicht noch ih-
35 ren?

FRANZISKA: Den erwartet sie dafür zurück. – Wo haben Sie ihn denn, Herr Major? Zeigen Sie mir ihn doch.

VON TELLHEIM *(etwas verlegen):* Ich habe – ihn anzustecken vergessen. – Just – Just wird mir ihn gleich nachbringen.

FRANZISKA: Es ist wohl einer ziemlich wie der andere; lassen Sie mich doch diesen sehen; ich sehe so was gar zu gern.

VON TELLHEIM: Ein andermal, Franziska. Jetzt komm –

FRANZISKA *(bei Seite):* Er will sich durchaus nicht aus seinem Irrtume bringen lassen.

VON TELLHEIM: Was sagst du? Irrtume?

FRANZISKA: Es ist ein Irrtum, sag ich, wenn Sie meinen, daß das Fräulein doch noch eine gute Partie sei. Ihr eigenes Vermögen ist gar nicht beträchtlich; durch ein wenig eigennützige Rechnungen, können es ihr die Vormünder völlig zu Wasser machen. Sie erwartete alles von dem Oheim; aber dieser graumsame Oheim –

VON TELLHEIM: Laß ihn doch! – Bin ich nicht Manns genug, ihr einmal alles zu ersetzen? –

FRANZISKA: Hören Sie? Sie klingelt; ich muß herein.

VON TELLHEIM: Ich gehe mit dir.

FRANZISKA: Um des Himmels willen nicht! Sie hat mir ausdrücklich verboten, mit Ihnen zu sprechen. Kommen Sie wenigstens mir erst nach. – *(Geht herein.)*

Vierter Auftritt

VON TELLHEIM

(ihr nachrufend): Melde mich ihr! – Sprich für mich, Franziska! – Ich folge dir sogleich! – Was werde ich ihr sagen? – Wo das Herz reden darf, braucht es keiner Vorbereitung. – Das einzige möchte eine studierte Wendung bedürfen: ihre Zurückhaltung, ihre Bedenklichkeit, sich als unglücklich in meine Arme zu werfen; ihre Beflissenheit, mir ein Glück vorzuspiegeln, das sie durch mich verloren hat. Dieses Miß-

trauen in meine Ehre, in ihren eigenen Wert, vor ihr
selbst zu entschuldigen, vor ihr selbst – Vor mir ist es
schon entschuldiget! – Ha! hier kömmt sie. –

Fünfter Auftritt

5 DAS FRÄULEIN. FRANZISKA. VON TELLHEIM

DAS FRÄULEIN *(im Heraustreten, als ob sie den Major
nicht gewahr würde):* Der Wagen ist doch vor der Türe, Franziska? – Meinen Fächer! –

VON TELLHEIM *(auf sie zu):* Wohin, mein Fräulein?

10 DAS FRÄULEIN *(mit einer affektierten Kälte):* Aus, Herr
Major. – Ich errate, warum Sie sich nochmals her be-
mühet haben: mir auch meinen Ring wieder zurück
zu geben. – Wohl, Herr Major; haben Sie nur die Güte, ihn der Franziska einzuhändigen. – Franziska,

15 nimm dem Herrn Major den Ring ab! – Ich habe keine Zeit zu verlieren. *(Will fort.)*

VON TELLHEIM *(der ihr vortritt):* Mein Fräulein! – Ah,
was habe ich erfahren, mein Fräulein! Ich war so vieler Liebe nicht wert.

20 DAS FRÄULEIN: So, Franziska? Du hast dem Herrn Major –

FRANZISKA: Alles entdeckt.

VON TELLHEIM: Zürnen Sie nicht auf mich, mein Fräulein. Ich bin kein Verräter. Sie haben um mich, in den

25 Augen der Welt, viel verloren, aber nicht in meinen.
In meinen Augen haben Sie unendlich durch diesen
Verlust gewonnen. Er war Ihnen noch zu neu; Sie
fürchteten, er möchte einen allzunachteiligen Ein-
druck auf mich machen; Sie wollten mir ihn vors er-

30 ste verbergen. Ich beschwere mich nicht über dieses
Mißtrauen. Es entsprang aus dem Verlangen, mich zu
erhalten. Dieses Verlangen ist mein Stolz! Sie fanden
mich selbst unglücklich; und Sie wollten Unglück
nicht mit Unglück häufen. Sie konnten nicht vermu-

35 ten, wie sehr mich Ihr Unglück über das meinige hinaus setzen würde.

DAS FRÄULEIN: Alles recht gut, Herr Major! Aber es ist nun einmal geschehen. Ich habe Sie Ihrer Verbindlichkeit erlassen; Sie haben durch Zurücknehmung des Ringes –

VON TELLHEIM: In nichts gewilliget! – Vielmehr halte ich mich jetzt für gebundener, als jemals. – Sie sind die Meinige, Minna, auf ewig die Meinige. *(Zieht den Ring heraus.)* Hier, empfangen Sie es zum zweitenmale, das Unterpfand meiner Treue –

DAS FRÄULEIN: Ich diesen Ring wiedernehmen? diesen Ring?

VON TELLHEIM: Ja, liebste Minna, ja!

DAS FRÄULEIN: Was muten Sie mir zu? diesen Ring?

VON TELLHEIM: Diesen Ring nahmen Sie das erstemal aus meiner Hand, als unser beider Umstände einander gleich, und glücklich waren. Sie sind nicht mehr glücklich, aber wiederum einander gleich. Gleichheit ist immer das festeste Band der Liebe. – Erlauben Sie, liebste Minna! – *(Ergreift ihre Hand, um ihr den Ring anzustecken.)*

DAS FRÄULEIN: Wie? mit Gewalt, Herr Major? – Nein, da ist keine Gewalt in der Welt, die mich zwingen soll, diesen Ring wieder anzunehmen! – – Meinen Sie etwa, daß es mir an einem Ringe fehlt? – O, Sie sehen ja wohl, *(auf ihren Ring zeigend)* daß ich hier noch einen habe, der Ihrem nicht das geringste nachgibt? –

FRANZISKA: Wenn er es noch nicht merkt! –

VON TELLHEIM *(indem er die Hand des Fräuleins fahren läßt):* Was ist das? – Ich sehe das Fräulein von Barnhelm, aber ich höre es nicht. – Sie zieren sich, mein Fräulein. – Vergeben Sie, daß ich Ihnen dieses Wort nachbrauche.

DAS FRÄULEIN *(in ihrem wahren Tone):* Hat Sie dieses Wort beleidiget, Herr Major?

VON TELLHEIM: Es hat mir weh getan.

DAS FRÄULEIN *(gerührt):* Das sollte es nicht, Tellheim. – Verzeihen Sie mir, Tellheim.

VON TELLHEIM: Ha, dieser vertrauliche Ton sagt mir,

daß Sie wieder zu sich kommen, mein Fräulein; daß
Sie mich noch lieben, Minna. –

FRANZISKA *(herausplatzend):* Bald wäre der Spaß auch
zu weit gegangen. –

5 DAS FRÄULEIN *(gebieterisch):* Ohne dich in unser Spiel zu
mengen, Franziska, wenn ich bitten darf! –

FRANZISKA *(bei Seite und betroffen):* Noch nicht genug?

DAS FRÄULEIN: Ja, mein Herr; es wäre weibliche Eitelkeit, mich kalt und höhnisch zu stellen. Weg damit!
10 Sie verdienen es, mich eben so wahrhaft zu finden,
als Sie selbst sind. – Ich liebe Sie noch, Tellheim, ich
liebe Sie noch; aber dem ohngeachtet –

VON TELLHEIM: Nicht weiter, liebste Minna, nicht weiter! *(Ergreift ihre Hand nochmals, ihr den Ring anzu-*
15 *stecken.)*

DAS FRÄULEIN *(die ihre Hand zurück zieht):* Dem ohngeachtet, – um so vielmehr werde ich dieses nimmermehr geschehen lassen; nimmermehr! – Wo denken
Sie hin, Herr Major? – Ich meinte, Sie hätten an Ih-
20 rem eigenen Unglücke genug. – Sie müssen hier bleiben; Sie müssen sich die allervollständigste Genugtuung – ertrotzen. Ich weiß in der Geschwindigkeit kein
ander Wort. – Ertrotzen, – und sollte Sie auch das
äußerste Elend, vor den Augen Ihrer Verleumder,
25 darüber verzehren!

VON TELLHEIM: So dacht ich, so sprach ich, als ich nicht
wußte, was ich dachte und sprach. Ärgernis und ver-
bissene Wut hatten meine ganze Seele umnebelt; die
Liebe selbst, in dem vollesten Glanze des Glücks,
30 konnte sich darin nicht Tag schaffen. Aber sie sendet
ihre Tochter, das Mitleid, die, mit dem finstern
Schmerze vertrauter, die Nebel zerstreuet, und alle
Zugänge meiner Seele den Eindrücken der Zärtlichkeit wiederum öffnet. Der Trieb der Selbsterhaltung
35 erwacht, da ich etwas Kostbarers zu erhalten habe,
als mich, und es durch mich zu erhalten habe. Lassen
Sie sich, mein Fräulein, das Wort Mitleid nicht beleidigen. Von der unschuldigen Ursache unsers Unglücks, können wir es ohne Erniedrigung hören. Ich

bin diese Ursache; durch mich, Minna, verlieren Sie
Freunde und Anverwandte, Vermögen und Vaterland. Durch mich, in mir müssen Sie alles dieses wie-
derfinden, oder ich habe das Verderben der Liebens-
würdigsten Ihres Geschlechts auf meiner Seele. Las- 5
sen Sie mich keine Zukunft denken, wo ich mich
selbst hassen müßte. – Nein, nichts soll mich hier länger halten. Von diesem Augenblicke an, will ich dem
Unrechte, das mir hier widerfährt, nichts als Verachtung entgegen setzen. Ist dieses Land die Welt? Geht 10
hier allein die Sonne auf? Wo darf ich nicht hinkom-
men? Welche Dienste wird man mir verweigern? Und
müßte ich sie unter dem entferntesten Himmel suchen: folgen Sie mir nur getrost, liebste Minna; es soll
uns an nichts fehlen. – Ich habe einen Freund, der 15
mich gern unterstützet. –

Sechster Auftritt

EIN FELDJÄGER[63]. VON TELLHEIM. DAS FRÄULEIN. FRAN-
ZISKA

FRANZISKA *(indem sie den Feldjäger gewahr wird):* St! 20
Herr Major –

VON TELLHEIM *(gegen den Feldjäger):* Zu wem wollen
Sie?

DER FELDJÄGER: Ich suche den Herrn Major von Tellheim. – Ah, Sie sind es ja selbst. Mein Herr Major, 25
dieses Königliche Handschreiben *(das er aus seiner
Brieftasche nimmt)* habe ich an Sie zu übergeben.

VON TELLHEIM: An mich?

DER FELDJÄGER: Zufolge der Aufschrift –

DAS FRÄULEIN: Franziska, hörst du? – Der Chevalier hat 30
doch wahr geredet!

DER FELDJÄGER *(indem Tellheim den Brief nimmt):* Ich
bitte um Verzeihung, Herr Major; Sie hätten es bereits gestern erhalten sollen; aber es ist mir nicht mög-

---

(63) * Ordonnanzoffizier.   35

lich gewesen, Sie auszufragen. Erst heute, auf der Parade, habe ich Ihre Wohnung von dem Lieutenant Riccaut erfahren.

FRANZISKA: Gnädiges Fräulein, hören Sie? – Das ist des
5 Chevaliers Minister. – »Wie heißen der Minister, da draus auf die breite Platz?« –

VON TELLHEIM: Ich bin Ihnen für Ihre Mühe sehr verbunden.

DER FELDJÄGER: Es ist meine Schuldigkeit, Herr Major.
10 *(Geht ab.)*

Siebenter Auftritt

15 VON TELLHEIM. DAS FRÄULEIN. FRANZISKA

VON TELLHEIM: Ah, mein Fräulein, was habe ich hier? Was enthält dieses Schreiben?

DAS FRÄULEIN: Ich bin nicht befugt, meine Neugierde so
weit zu erstrecken.

20 VON TELLHEIM: Wie? Sie trennen mein Schicksal noch von dem Ihrigen? – Aber warum steh ich an, es zu erbrechen? – Es kann mich nicht unglücklicher machen, als ich bin; nein, liebste Minna, es kann uns nicht unglücklicher machen; – wohl aber glücklicher!
25 – Erlauben Sie, mein Fräulein! *(Erbricht und lieset den Brief, indes daß der Wirt an die Szene*[64] *geschlichen kömmt.)*

30 **Achter Auftritt**

DER WIRT. DIE VORIGEN

DER WIRT *(gegen die Franziska)*: Bst! mein schönes Kind! auf ein Wort!

35 FRANZISKA *(die sich ihm nähert)*: Herr Wirt? – Gewiß, wir wissen selbst noch nicht, was in dem Briefe steht.

DER WIRT: Wer will vom Briefe wissen? – Ich komme des Ringes wegen. Das gnädige Fräulein muß mir ihn

(64) * Kulisse.

gleich wiedergeben. Just ist da, er soll ihn wieder ein-
lösen.

DAS FRÄULEIN *(die sich indes gleichfalls dem Wirte genä-*
hert): Sagen Sie Justen nur, daß er schon eingelöset
sei; und sagen Sie ihm nur von wem; von mir.

DER WIRT: Aber –

DAS FRÄULEIN: Ich nehme alles auf mich; gehen Sie
doch! *(Der Wirt geht ab.)*

Neunter Auftritt

VON TELLHEIM. DAS FRÄULEIN. FRANZISKA

FRANZISKA: Und nun, gnädiges Fräulein, lassen Sie es
mit dem armen Major gut sein.

DAS FRÄULEIN: O, über die Vorbitterin! Als ob der Kno-
ten sich nicht von selbst bald lösen müßte.

VON TELLHEIM *(nachdem er gelesen, mit der lebhaftesten*
Rührung): Ha! er hat sich auch hier nicht verleugnet!
– O, mein Fräulein, welche Gerechtigkeit! – Welche
Gnade! – Das ist mehr, als ich erwartet! – Mehr, als
ich verdiene! – Mein Glück, meine Ehre, alles ist wie-
derhergestellt! – Ich träume doch nicht? *(Indem er*
wieder in den Brief sieht, als um sich nochmals zu über-
zeugen:) Nein, kein Blendwerk meiner Wünsche! –
Lesen Sie selbst, mein Fräulein; lesen Sie selbst!

DAS FRÄULEIN: Ich bin nicht so unbescheiden, Herr Major.

VON TELLHEIM: Unbescheiden? Der Brief ist an mich; an
Ihren Tellheim, Minna. Er enthält, – was Ihnen Ihr
Oheim nicht nehmen kann. Sie müssen ihn lesen; le-
sen Sie doch!

DAS FRÄULEIN: Wenn Ihnen ein Gefalle damit geschieht,
Herr Major – *(Sie nimmt den Brief und lieset:)*
»Mein lieber Major von Tellheim!
Ich tue Euch zu wissen, daß der Handel, der mich um
Eure Ehre besorgt machte, sich zu Eurem Vorteil aufge-
kläret hat. Mein Bruder war des Nähern davon unter-
richtet, und sein Zeugnis hat Euch für mehr als unschul-

dig erkläret. Die Hofstaatskasse hat Ordre, Euch den
bewußten Wechsel wieder auszuliefern, und die getanen
Vorschüsse zu bezahlen; auch habe ich befohlen, daß alles, was die Feldkriegskassen wider Eure Rechnungen
5 urgieren[65], niedergeschlagen werde. Meldet mir, ob
Euch Eure Gesundheit erlaubet, wieder Dienste zu nehmen. Ich möchte nicht gern einen Mann von Eurer Bra-
vour und Denkungsart entbehren. Ich bin Euer wohlaf-
fektionierter[66] König etc.«

10 VON TELLHEIM: Nun, was sagen Sie hierzu, mein Fräulein?

DAS FRÄULEIN *(indem sie den Brief wieder zusammen-
schlägt, und zurückgibt):* Ich? nichts.

VON TELLHEIM: Nichts?

15 DAS FRÄULEIN: Doch ja: daß Ihr König, der ein großer
Mann ist, auch wohl ein guter Mann sein mag. –
Aber was geht mich das an? Er ist nicht mein König.

VON TELLHEIM: Und sonst sagen Sie nichts? Nichts von
Rücksicht auf uns selbst?

20 DAS FRÄULEIN: Sie treten wieder in seine Dienste; der
Herr Major wird Oberstlieutenant, Oberster vielleicht. Ich gratuliere von Herzen.

VON TELLHEIM: Und Sie kennen mich nicht besser? –
Nein, da mir das Glück soviel zurückgibt, als genug
25 ist, die Wünsche eines vernünftigen Mannes zu be-
friedigen, soll es einzig von meiner Minna abhangen,
ob ich sonst noch jemanden wieder zugehören soll,
als ihr. Ihrem Dienste allein sei mein ganzes Leben
gewidmet! Die Dienste der Großen sind gefährlich,
30 und lohnen der Mühe, des Zwanges, der Erniedrigung nicht, die sie kosten. Minna ist keine von den
Eiteln, die in ihren Männern nichts als den Titel und
die Ehrenstelle lieben. Sie wird mich um mich selbst
lieben; und ich werde um sie die ganze Welt verges-
35 sen. Ich ward Soldat, aus Parteilichkeit, ich weiß
selbst nicht für welche politische Grundsätze, und aus
der Grille, daß es für jeden ehrlichen Mann gut sei,

(65) * Siehe Anm. 59a.
(66) * wohlgesonnen.

sich in diesem Stande eine Zeitlang zu versuchen, um sich mit allem, was Gefahr heißt, vertraulich zu machen, und Kälte und Entschlossenheit zu lernen. Nur die äußerste Not hätte mich zwingen können, aus diesem Versuche eine Bestimmung, aus dieser gelegentlichen Beschäftigung ein Handwerk zu machen. Aber nun, da mich nichts mehr zwingt, nun ist mein ganzer Ehrgeiz wiederum einzig und allein, ein ruhiger und zufriedener Mensch zu sein. Der werde ich mit Ihnen, liebste Minna, unfehlbar werden; der werde ich in Ihrer Gesellschaft unveränderlich bleiben. – Morgen verbinde uns das heiligste Band; und sodann wollen wir um uns sehen, und wollen in der ganzen weiten bewohnten Welt den stillsten, heitersten, lachendsten Winkel suchen, dem zum Paradiese nichts fehlt, als ein glückliches Paar. Da wollen wir wohnen; da soll jeder unsrer Tage – Was ist Ihnen, mein Fräulein? *(die sich unruhig hin und herwendet, und ihre Rührung zu verbergen sucht)*

DAS FRÄULEIN *(sich fassend):* Sie sind sehr grausam, Tellheim, mir ein Glück so reizend darzustellen, dem ich entsagen muß. Mein Verlust –

VON TELLHEIM: Ihr Verlust? – Was nennen Sie Ihren Verlust? Alles, was Minna verlieren konnte, ist nicht Minna. Sie sind noch das süßeste, lieblichste, holdseligste, beste Geschöpf unter der Sonne; ganz Güte und Großmut, ganz Unschuld und Freude! – Dann und wann ein kleiner Mutwille; hier und da ein wenig Eigensinn – Desto besser! desto besser! Minna wäre sonst ein Engel, den ich mit Schaudern verehren müßte, den ich nicht lieben könnte. *(Ergreift ihre Hand, sie zu küssen.)*

DAS FRÄULEIN *(die ihre Hand zurück zieht):* Nicht so, mein Herr! – Wie auf einmal so verändert? – Ist dieser schmeichelnde, stürmische Liebhaber der kalte Tellheim? – Konnte nur sein wiederkehrendes Glück ihn in dieses Feuer setzen? – Er erlaube mir, daß ich, bei seiner fliegenden Hitze, für uns beide Überlegung behalte. – Als er selbst überlegen konnte, hörte ich

ihn sagen: es sei eine nichtswürdige Liebe, die kein
Bedenken trage, ihren Gegenstand der Verachtung
auszusetzen. – Recht; aber ich bestrebe mich einer
eben so reinen und edeln Liebe, als er. – Jetzt, da
die Ehre ruft, da sich ein großer Monarch um ihn be-
wirbt, sollte ich zugeben, daß er sich verliebten Träu-
mereien mit mir überließe? daß der ruhmvolle Krie-
ger in einen tändelnden Schäfer ausarte? – Nein,
Herr Major, folgen Sie dem Wink Ihres bessern
Schicksals –

VON TELLHEIM: Nun wohl! Wenn Ihnen die große Welt
reizender ist, Minna, – wohl! so behalte uns die große
Welt! – Wie klein, wie armselig ist diese große Welt!
– Sie kennen sie nur erst von ihrer Flitterseite. Aber
gewiß, Minna, Sie werden – Es sei! Bis dahin, wohl!
Es soll Ihren Vollkommenheiten nicht an Bewunde-
rern fehlen, und meinem Glücke wird es nicht an
Neidern gebrechen.

DAS FRÄULEIN: Nein, Tellheim, so ist es nicht gemeint!
Ich weise Sie in die große Welt, auf die Bahn der Ehre zurück, ohne Ihnen dahin folgen zu wollen. – Dort
braucht Tellheim eine unbescholtene Gattin! Ein
sächsisches verlaufenes Fräulein, das sich ihm an den
Kopf geworfen –

VON TELLHEIM *(auffahrend und wild um sich sehend):*
Wer darf so sprechen? – Ah, Minna, ich erschrecke
vor mir selbst, wenn ich mir vorstelle, daß jemand
anders dieses gesagt hätte, als Sie. Meine Wut gegen
ihn würde ohne Grenzen sein.

DAS FRÄULEIN: Nun da! Das eben besorge ich. Sie würden nicht die geringste Spötterei über mich dulden,
und doch würden Sie täglich die bittersten einzuneh-
men haben. – Kurz; hören Sie also, Tellheim, was ich
fest beschlossen, wovon mich nichts in der Welt abbringen soll –

VON TELLHEIM: Ehe Sie ausreden, Fräulein, – ich be-
schwöre Sie, Minna! – überlegen Sie es noch einen
Augenblick, daß Sie mir das Urteil über Leben und
Tod sprechen! –

DAS FRÄULEIN: Ohne weitere Überlegung! – So gewiß ich Ihnen den Ring zurückgegeben, mit welchem Sie mir ehemals Ihre Treue verpflichtet, so gewiß Sie diesen nämlichen Ring zurückgenommen: so gewiß soll die unglückliche Barnhelm die Gattin des glücklichern Tellheims nie werden!

VON TELLHEIM: Und hiermit brechen Sie den Stab, Fräulein?

DAS FRÄULEIN: Gleichheit ist allein das feste Band der Liebe. – Die glückliche Barnhelm wünschte, nur für den glücklichen Tellheim zu leben. Auch die unglückliche Minna hätte sich endlich überreden lassen, das Unglück ihres Freundes durch sich, es sei zu vermehren, oder zu lindern – Er bemerkte es ja wohl, ehe dieser Brief ankam, der alle Gleichheit zwischen uns wieder aufhebt, wie sehr zum Schein ich mich nur noch weigerte.

VON TELLHEIM: Ist das wahr, mein Fräulein? – Ich danke Ihnen, Minna, daß Sie den Stab noch nicht gebrochen. – Sie wollen nur den unglücklichen Tellheim? Er ist zu haben. *(Kalt:)* Ich empfinde eben, daß es mir unanständig ist, diese späte Gerechtigkeit anzunehmen; daß es besser sein wird, wenn ich das, was man durch einen so schimpflichen Verdacht entehret hat, gar nicht wiederverlange. – Ja; ich will den Brief nicht bekommen haben. Das sei alles, was ich darauf antworte und tue! *(im Begriffe, ihn zu zerreißen)*

DAS FRÄULEIN *(das ihm in die Hände greift):* Was wollen Sie, Tellheim?

VON TELLHEIM: Sie besitzen.

DAS FRÄULEIN: Halten Sie!

VON TELLHEIM: Fräulein, er ist unfehlbar zerrissen, wenn Sie nicht bald sich anders erklären. – Alsdann wollen wir doch sehen, was Sie noch wider mich einzuwenden haben!

DAS FRÄULEIN: Wie? in diesem Tone? – So soll ich, so muß ich in meinen eignen Augen verächtlich werden? Nimmermehr! Es ist eine nichtswürdige Kreatur, die

sich nicht schämet, ihr ganzes Glück der blinden
Zärtlichkeit eines Mannes zu verdanken!

VON TELLHEIM: Falsch, grundfalsch!

DAS FRÄULEIN: Wollen Sie es wagen, Ihre eigene Rede
5 in meinem Munde zu schelten?

VON TELLHEIM: Sophistin! So entehrt sich das schwäche-
re Geschlecht durch alles, was dem stärkern nicht an-
steht? So soll sich der Mann alles erlauben, was dem
Weibe geziemet? Welches bestimmte die Natur zur
10 Stütze des andern?

DAS FRÄULEIN: Beruhigen Sie sich, Tellheim! – Ich werde nicht ganz ohne Schutz sein, wenn ich schon die
Ehre des Ihrigen ausschlagen muß. So viel muß mir
immer noch werden, als die Not erfordert. Ich habe
15 mich bei unserm Gesandten melden lassen. Er will
mich noch heute sprechen. Hoffentlich wird er sich
meiner annehmen. Die Zeit verfließt. Erlauben Sie,
Herr Major. –

VON TELLHEIM: Ich werde Sie begleiten, gnädiges Fräu-
20 lein. –

DAS FRÄULEIN: Nicht doch, Herr Major; lassen Sie
mich –

VON TELLHEIM: Eher soll Ihr Schatten Sie verlassen!
Kommen Sie nur, mein Fräulein; wohin Sie wollen;
25 zu wem Sie wollen. Überall, an Bekannte und Unbe-
kannte, will ich es erzählen, in Ihrer Gegenwart des
Tages hundertmal erzählen, welche Bande Sie an
mich verknüpfen, aus welchem grausamen Eigensin-
ne Sie diese Bande trennen wollen –

30 **Zehnter Auftritt**

JUST. DIE VORIGEN
JUST *(mit Ungestüm):* Herr Major! Herr Major!

VON TELLHEIM: Nun?

JUST: Kommen Sie doch geschwind, geschwind!

35 VON TELLHEIM: Was soll ich? Zu mir her! Sprich, was
ists?

JUST: Hören Sie nur – *(Redet ihm heimlich ins Ohr.)*

DAS FRÄULEIN *(indes bei Seite zur Franziska):* Merkst du was, Franziska?

FRANZISKA: O, Sie Unbarmherzige! Ich habe hier gestanden, wie auf Kohlen! 5

VON TELLHEIM *(zu Justen):* Was sagst du? – Das ist nicht möglich! – Sie? *(indem er das Fräulein wild anblickt:)* – Sag es laut; sag es ihr ins Gesicht! – Hören Sie doch, mein Fräulein! –

JUST: Der Wirt sagt, das Fräulein von Barnhelm habe 10 den Ring, welchen ich bei ihm versetzt, zu sich genommen; sie habe ihn für den ihrigen erkannt, und wolle ihn nicht wieder herausgeben. –

VON TELLHEIM: Ist das wahr, mein Fräulein? – Nein, das kann nicht wahr sein! 15

DAS FRÄULEIN *(lächelnd):* Und warum nicht, Tellheim? – Warum kann es nicht wahr sein?

VON TELLHEIM *(heftig):* Nun, so sei es wahr! – Welch schreckliches Licht, das mir auf einmal aufgegangen! Nun erkenne ich Sie, die Falsche, die Ungetreue! 20

DAS FRÄULEIN *(erschrocken):* Wer? wer ist diese Ungetreue?

VON TELLHEIM: Sie, die ich nicht mehr nennen will!

DAS FRÄULEIN: Tellheim!

VON TELLHEIM: Vergessen Sie meinen Namen! – Sie ka- 25 men hierher, mit mir zu brechen. Es ist klar! – Daß der Zufall so gern dem Treulosen zu Statten kömmt! Er führte Ihnen Ihren Ring in die Hände. Ihre Arglist wußte mir den meinigen zuzuschanzen.

DAS FRÄULEIN: Tellheim, was für Gespenster sehen Sie! 30 Fassen Sie sich doch, und hören Sie mich.

FRANZISKA *(vor sich):* Nun mag sie es haben!

Elfter Auftritt

WERNER *(mit einem Beutel Gold)*. VON TELLHEIM. DAS FRÄULEIN. FRANZISKA. JUST 35

WERNER: Hier bin ich schon, Herr Major! –

VON TELLHEIM *(ohne ihn anzusehn):* Wer verlangt dich? –

WERNER: Hier ist Geld! tausend Pistolen!

VON TELLHEIM: Ich will sie nicht!

5 WERNER: Morgen können Sie, Herr Major, über noch einmal so viel befehlen.

VON TELLHEIM: Behalte dein Geld!

WERNER: Es ist ja Ihr Geld, Herr Major. – Ich glaube, Sie sehen nicht, mit wem Sie sprechen?

10 VON TELLHEIM: Weg damit! sag ich.

WERNER: Was fehlt Ihnen? – Ich bin Werner.

VON TELLHEIM: Alle Güte ist Verstellung; alle Dienstfertigkeit Betrug.

WERNER: Gilt das mir?

15 VON TELLHEIM: Wie du willst!

WERNER: Ich habe ja nur Ihren Befehl vollzogen. –

VON TELLHEIM: So vollziehe auch den, und packe dich!

WERNER: Herr Major! *(ärgerlich)* ich bin ein Mensch –

VON TELLHEIM: Da bist du was Rechts!

20 WERNER: Der auch Galle hat –

VON TELLHEIM: Gut! Galle ist noch das Beste, was wir haben.

WERNER: Ich bitte Sie, Herr Major, –

VON TELLHEIM: Wie vielmal soll ich dir es sagen? Ich
25 brauche dein Geld nicht!

WERNER *(zornig):* Nun so brauch es, wer da will! *(indem er ihm den Beutel vor die Füße wirft, und bei Seite geht)*

DAS FRÄULEIN *(zur Franziska):* Ah, liebe Franziska, ich
30 hätte dir folgen sollen. Ich habe den Scherz zu weit getrieben. – Doch er darf mich ja nur hören – *(auf ihn zugehend)*

FRANZISKA *(die, ohne dem Fräulein zu antworten, sich Wernern nähert):* Herr Wachtmeister! –

35 WERNER *(mürrisch):* Geh Sie! –

FRANZISKA: Hu! was sind das für Männer!

DAS FRÄULEIN: Tellheim! – Tellheim! *(der vor Wut an den Fingern naget, das Gesicht wegwendet, und nichts höret)* – Nein, das ist zu arg! – Hören Sie mich doch!

– Sie betrügen sich! – Ein bloßes Mißverständnis, –
Tellheim! – Sie wollen Ihre Minna nicht hören? –
Können Sie einen solchen Verdacht fassen? – Ich mit
Ihnen brechen wollen? – Ich darum hergekommen? –
Tellheim!   5

Zwölfter Auftritt

ZWEI BEDIENTE, *nach einander, von verschiedenen Seiten*
über den Saal laufend. DIE VORIGEN
DER EINE BEDIENTE: Gnädiges Fräulein, Ihro Exzellenz,
der Graf! –   10
DER ANDERE BEDIENTE: Er kömmt, gnädiges Fräulein! –
FRANZISKA *(die ans Fenster gelaufen):* Er ist es! er ist es!
DAS FRÄULEIN: Ist ers? – O nun geschwind, Tellheim –
VON TELLHEIM *(auf einmal zu sich selbst kommend):*
Wer? wer kömmt? Ihr Oheim, Fräulein? dieser grau-   15
same Oheim? Lassen Sie ihn nur kommen; lassen Sie
ihn nur kommen! – Fürchten Sie nichts! Er soll Sie
mit keinem Blicke beleidigen dürfen! Er hat es mit
mir zu tun. – Zwar verdienen Sie es um mich nicht –
DAS FRÄULEIN: Geschwind umarmen Sie mich, Tell-   20
heim, und vergessen Sie alles –
VON TELLHEIM: Ha, wenn ich wüßte, daß Sie es bereuen
könnten! –
DAS FRÄULEIN: Nein, ich kann es nicht bereuen, mir den
Anblick Ihres ganzen Herzens verschafft zu haben! –   25
Ah, was sind Sie für ein Mann! – Umarmen Sie Ihre
Minna, Ihre glückliche Minna! aber durch nichts
glücklicher, als durch Sie! *(Sie fällt ihm in die Arme.)*
Und nun, ihm entgegen! –
VON TELLHEIM: Wem entgegen?   30
DAS FRÄULEIN: Dem besten Ihrer unbekannten Freunde.
VON TELLHEIM: Wie?
DAS FRÄULEIN: Dem Grafen, meinem Oheim, meinem
Vater, Ihrem Vater – – Meine Flucht, sein Unwille,
meine Enterbung; – hören Sie denn nicht, daß alles   35
erdichtet ist? Leichtgläubiger Ritter!

VON TELLHEIM: Erdichtet? Aber der Ring? der Ring?

DAS FRÄULEIN: Wo haben Sie den Ring, den ich Ihnen zurückgegeben?

VON TELLHEIM: Sie nehmen ihn wieder? – O, so bin ich
5 glücklich! – Hier Minna! – *(ihn herausziehend)*

DAS FRÄULEIN: So besehen Sie ihn doch erst! – O über die Blinden, die nicht sehen wollen! – Welcher Ring ist es denn? Den ich von Ihnen habe, oder den Sie von mir? – Ist es denn nicht eben der, den ich in den
10 Händen des Wirts nicht lassen wollen?

VON TELLHEIM: Gott! was seh ich? was hör ich?

DAS FRÄULEIN: Soll ich ihn nun wieder nehmen? soll ich? – Geben Sie her, geben Sie her! *(Reißt ihn ihm aus der Hand, und steckt ihn ihm selbst an den Fin-*
15 *ger.)* Nun? ist alles richtig?

VON TELLHEIM: Wo bin ich? – *(Ihre Hand küssend)* O boshafter Engel! – mich so zu quälen!

DAS FRÄULEIN: Dieses zur Probe, mein lieber Gemahl, daß Sie mir nie einen Streich spielen sollen, ohne daß
20 ich Ihnen nicht gleich darauf wieder einen spiele. – Denken Sie, daß Sie mich nicht auch gequälet hatten?

VON TELLHEIM: O Komödiantinnen, ich hätte euch doch kennen sollen!

FRANZISKA: Nein, wahrhaftig; ich bin zur Komödiantin
25 verdorben. Ich habe gezittert, und gebebt, und mir mit der Hand das Maul zuhalten müssen.

DAS FRÄULEIN: Leicht ist mir meine Rolle auch nicht geworden. Aber so kommen Sie doch!

VON TELLHEIM: Noch kann ich mich nicht erholen. –
30 Wie wohl, wie ängstlich ist mir! So erwacht man plötzlich aus einem schreckhaften Traume!

DAS FRÄULEIN: Wir zaudern. – Ich höre ihn schon.

Dreizehnter Auftritt

DER GRAF VON BRUCHSALL, *von verschiedenen Bedienten und* DEM WIRTE *begleitet.* DIE VORIGEN

DER GRAF *(im Hereintreten):* Sie ist doch glücklich angelangt? –

DAS FRÄULEIN *(die ihm entgegen springt):* Ah, mein Vater! –

DER GRAF: Da bin ich, liebe Minna! *(sie umarmend)*
Aber was, Mädchen? *(indem er den Tellheim gewahr
wird:)* Vier und zwanzig Stunden erst hier, und schon
Bekanntschaft, und schon Gesellschaft?

DAS FRÄULEIN: Raten Sie, wer es ist? –

DER GRAF: Doch nicht dein Tellheim?

DAS FRÄULEIN: Wer sonst, als er? – Kommen Sie, Tellheim! *(ihn dem Grafen zuführend)*

DER GRAF: Mein Herr, wir haben uns nie gesehen; aber
bei dem ersten Anblicke glaubte ich, Sie zu erkennen.
Ich wünschte, daß Sie es sein möchten. – Umarmen
Sie mich. – Sie haben meine völlige Hochachtung.
Ich bitte um Ihre Freundschaft. – Meine Nichte, mei-
ne Tochter liebet Sie –

DAS FRÄULEIN: Das wissen Sie, mein Vater! – Und ist sie
blind, meine Liebe?

DER GRAF: Nein, Minna; deine Liebe ist nicht blind;
aber dein Liebhaber – ist stumm.

VON TELLHEIM *(sich ihm in die Arme werfend):* Lassen Sie
mich zu mir selbst kommen, mein Vater! –

DER GRAF: So recht, mein Sohn! Ich höre es; wenn dein
Mund nicht plaudern kann, so kann dein Herz doch
reden. – Ich bin sonst den Offizieren von dieser Far-
be *(auf Tellheims Uniform weisend),* eben nicht gut.
Doch Sie sind ein ehrlicher Mann, Tellheim; und ein
ehrlicher Mann mag stecken, in welchem Kleide er
will, man muß ihn lieben.

DAS FRÄULEIN: O, wenn Sie alles wüßten! –

DER GRAF: Was hinderts, daß ich nicht alles erfahre? –
Wo sind meine Zimmer, Herr Wirt?

DER WIRT: Wollen Ihro Exzellenz nur die Gnade haben,
hier herein zu treten.

DER GRAF: Komm Minna! Kommen Sie, Herr Major! *(Geht mit dem Wirte und den Bedienten ab.)*

DAS FRÄULEIN: Kommen Sie, Tellheim!

VON TELLHEIM: Ich folge Ihnen den Augenblick, mein Fräulein. Nur noch ein Wort mit diesem Manne. *(gegen Wernern sich wendend)*

DAS FRÄULEIN: Und ja ein recht gutes; mich dünkt, Sie haben es nötig. – Franziska, nicht wahr? *(Dem Grafen nach.)*

Vierzehnter Auftritt

VON TELLHEIM. WERNER. JUST. FRANZISKA

VON TELLHEIM *(auf den Beutel weisend, den Werner weggeworfen):* Hier, Just! – hebe den Beutel auf, und trage ihn nach Hause. Geh! – *(Just damit ab.)*

WERNER *(der noch immer mürrisch im Winkel gestanden, und an nichts Teil zu nehmen geschienen; indem er das hört):* Ja, nun!

VON TELLHEIM *(vertraulich, auf ihn zugehend):* Werner, wann kann ich die andern tausend Pistolen haben?

WERNER *(auf einmal wieder in seiner guten Laune):* Morgen, Herr Major, morgen. –

VON TELLHEIM: Ich brauche dein Schuldner nicht zu werden; aber ich will dein Rentmeister[67] sein. Euch gutherzigen Leuten sollte man allen einen Vormund setzen. Ihr seid eine Art Verschwender. – Ich habe dich vorhin erzürnt, Werner! –

WERNER: Bei meiner armen Seele, ja! – Ich hätte aber doch so ein Tölpel nicht sein sollen. Nun seh ichs wohl. Ich verdiente hundert Fuchtel[68]. Lassen Sie mir sie auch schon geben; nur weiter keinen Groll, lieber Major! –

VON TELLHEIM: Groll? – *(Ihm die Hand drückend)* Lies

---

(67) * Vermögensverwalter.
(68) * Schläge mit der flachen Degenklinge (Fuchtel); Strafe für Soldaten und Unteroffiziere.

es in meinen Augen, was ich dir nicht alles sagen kann. – Ha! wer ein besseres Mädchen, und einen redlichern Freund hat, als ich, den will ich sehen! – Franziska, nicht wahr? – *(Geht ab.)*

Fünfzehnter Auftritt

WERNER. FRANZISKA

FRANZISKA *(vor sich):* Ja gewiß, es ist ein gar zu guter Mann! – So einer kömmt mir nicht wieder vor. – Es muß heraus! *(Schüchtern und verschämt sich Wernern nähernd:)* Herr Wachtmeister! –

WERNER *(der sich die Augen wischt):* Nu? –

FRANZISKA: Herr Wachtmeister –

WERNER: Was will Sie denn, Frauenzimmerchen?

FRANZISKA: Seh Er mich einmal an, Herr Wachtmeister. –

WERNER: Ich kann noch nicht; ich weiß nicht, was mir in die Augen gekommen.

FRANZISKA: So seh Er mich doch an!

WERNER: Ich fürchte, ich habe Sie schon zu viel angesehen, Frauenzimmerchen! – Nun, da seh ich Sie ja! Was gibts denn?

FRANZISKA: Herr Wachtmeister – – braucht Er keine Frau Wachtmeisterin?

WERNER: Ist das Ihr Ernst, Frauenzimmerchen?

FRANZISKA: Mein völliger!

WERNER: Zöge Sie wohl auch mit nach Persien?

FRANZISKA: Wohin Er will!

WERNER: Gewiß? – Holla! Herr Major! nicht groß getan! Nun habe ich wenigstens ein eben so gutes Mädchen, und einen eben so redlichen Freund, als Sie! – Geb Sie mir Ihre Hand, Frauenzimmerchen! Topp! – Über zehn Jahr ist Sie Frau Generalin, oder Witwe!

Ende der Minna von Barnhelm,
oder des Soldatenglücks

MATERIALIEN

Inhaltsverzeichnis

Einleitung

Goethes Charakteristik der ›Minna von Barnhelm‹ als »wahrste Ausgeburt des Siebenjährigen Krieges« stellt den geschichtlichen wie den literarischen Zusammenhang genau her. Freilich nicht in dem Sinn, in dem die nationale Geschichtsschreibung im 19. Jahrhundert diesen Satz verstehen wollte: als sei Lessings Stück eine Huldigung an den Preußenkönig. Der Siebenjährige Krieg liefert den Stoff des Lustspiels in der verbitterten Heimkehr des entlassenen und verdächtigten Offiziers; er gibt den ökonomischen Aspekt, nämlich die Münzmanipulationen der Preußen, mit denen Lessing in Breslau als Sekretär des damit beauftragten Generals von Tauentzien bestens vertraut war, und – damit verknüpft – die katastrophale Finanzlage der sächsischen Städte und Stände, aus der rasche Spekulanten leicht Kapital schlagen konnten. Darüber orientiert der *erste Teil* der ›Materialien‹.

Der Krieg ist zudem der ausschließliche Bezugsgegenstand für die zeitgenössische Literatur, zumal in der Spielart der patriotischen Lyrik. Zu ihr hatte Lessing als Autor des Einakters ›Philotas‹ (1759) und als Publizist und Briefeschreiber ein überaus kritisches Verhältnis. Diesem über die Literatur vermittelten Zusammenhang zwischen dem Krieg und Lessings Lustspiel gilt der *zweite Materialienteil.*

Die gattungsgeschichtliche Entwicklung des Lustspiels in Deutschland macht das Schreiben einer Komödie am Ende des Krieges allererst möglich. Weder Verlachen noch Rührung können im Zusammenhang des Krieges alleinige Geltung und reinigende Wirkung haben – was wäre an ihm verlachenswert, was könnte die Grenze zwischen rührendem Spiel und Tragödie definieren? Alte Komödie im Stil der Hanswurstiade und neues bürgerliches Lustspiel im Sinne von Gellerts Stück ›Die zärtlichen Schwestern‹: das setzt schreibpraktisch die Pole der deutschen Bühnenkunst nach der Jahrhundertmitte auf dem Lustspielsektor. Lessing hat sich als Gattungstheoretiker mit diesen Komödienarten schon 1754 auseinandergesetzt. Als Hamburger Dramaturg und Kritiker (1767) legt er der neuen Komödie eine Definition von der kathartischen (reinigenden) Funktion des Lachens zugrunde, die Minnas Sprachspiel mit Tellheim in die Praxis umsetzt. Daß und wie jene beiden überholten Komödienarten mit der politischen und gesellschaftlichen Geschichte der zersplitterten deutschen Staaten zusammenhängen, das macht aus Dänemark ein engagierter Beobachter der deutschen Theaterlandschaft deutlich. Helferich Peter Sturz' hellsichtige Kritik leitet den *dritten Materialienteil* ein.

Von der zeitgenössischen Wirkung *(vierter Materialienteil)* handelt der Bericht des Bruders Karl Lessing über die Aufführung der ›Minna von Barnhelm‹ durch die Schauspieltruppe des seinerzeit wohl bekanntesten deutschen Theatermachers, Döbbelin. Neben der begeisterten Aufnahme durch das Publikum klingt in Karls Brief die jedem Autor bedrohliche Gegenwart von Zensur und Polizei an – auch sie sind Aspekte der Entstehung des Stücks, seines Gehalts, der Biographie Lessings und vor allem des Alltags im Preußen Friedrichs II.

Nach den zeitgenössischen Materialien bringt der letzte Abschnitt *(fünfte Teil)* zwei neuere Interpretationskonzepte im Kontrast: Fritz Brüggemanns gesellschaftspsychologischen Ansatz, der auf eine Sozialgeschichte der Form abhebt und der von der gegenwärtigen literatursoziologischen Methode im Ergebnis keineswegs überholt worden ist; und Emil Staigers behutsame Einfühlung in die Physiognomie der individuellen Dramencharaktere im Rahmen einer Interpretation des Sprachkunstwerks.

I. Der Siebenjährige Krieg: geschichtlicher und biographischer Hintergrund

Die wichtigste ökonomische Frage für Friedrich II. war die Deckung der riesigen Finanzlücke im Staatshaushalt von 10–12 Millionen Reichstalern im Jahr, die der Krieg aufriß. Hauptsächlich boten sich zwei Wege an:
1. regelmäßige und hohe Unterstützungszahlungen durch die besetzten Gebiete (= Kontributionen). Aus Sachsen beispielsweise hatte Friedrich schon 1756 5 Mio. Taler ziehen wollen, obwohl die Jahreseinnahme des sächsischen Staats zu Friedenszeiten gerade 6 Mio. betrug. Tatsächlich konnte er in den Folgejahren jeweils zwischen 1,5 und 3 Mio. Taler herauspressen, dabei wurden einzelnen Städten auch Zwangsanleihen auferlegt. Mit der Münzverschlechterung erreichten die Kontributionszahlungen enorme Höhen: 1761 und 1762 rund 8 Mio. Taler allein aus Sachsen.
2. Münzmanipulationen. Seit 1750 hatte die maßgebliche Einheit »Mark« Silber einen Nennwert von 14 Talern; ab 1756 durfte in den sächsischen Münzstätten die Mark Silber mit $19\frac{3}{4}$ Talern ausgeprägt werden, ab 1760 sogar mit 30 Talern. Auf die Mark Gold kamen nicht mehr wie bisher $38\frac{2}{3}$ Friedrichsdor, sondern nun $54\frac{1}{2}$ Augustdor, dessen Feingehalt 1760 nochmals um 50 % verringert wurde. Auf den Wechsel der Münznamen und die Einführung neuer Sorten, die gewerblich ausgeprägt wurden, spielen die beiden ersten Materialien auch an.

1. Franz Mehring: [Zum ökonomischen Aspekt des Siebenjährigen Krieges]

(1893)

[. . .] Ihrer Form nach Kabinetskriege, waren diese Kriege ihrem Wesen nach Handelskriege, wie denn die handelspolitischen Gesichtspunkte, die den Ursprung und den Verlauf des siebenjährigen Krieges bestimmt haben, schon angedeutet worden sind. Das Wesen dieser

Kriege prägte aber auch der Art der Kriegführung ihren Stempel auf. Sie war sozusagen ein finanziell-kalkulatorisches Geschäft. Man kannte ungefähr die Geldmittel, den Schatz, den Kredit seines Gegners; man kannte die Größe seines Heeres. Bedeutende Vermehrungen der finanziellen wie der militärischen Mittel waren im Augenblicke des Krieges ausgeschlossen. Das Soldatenmaterial war überall so ziemlich dasselbe; auch mußte es überall in gleicher Weise verwandt werden, das heißt mit großer Vorsicht, denn wenn das Heer zertrümmert wurde, so war kein neues zu beschaffen, und außer dem Heere gab es nichts. Nichts oder doch fast nichts. Denn kostbarer als der letzte Soldat war am Ende noch der letzte Thaler, für den man einen neuen Soldaten werben konnte. So beruhte der Erfolg dieser Kriege wesentlich auf einem genauen und sicheren Voranschlage des Kriegsetats, und in diesem Zusammenhange tritt Friedrichs schon erwähntes Wort von dem letzten Thaler als dem entscheidenden Faktor des Sieges erst in sein volles Licht. Es war für die damalige Zeit so richtig, daß es selbst dann galt, wenn dieser letzte Thaler, wie in Friedrichs Falle – ein falscher Thaler war. Nicht kraft seiner Siege hielt der König den siebenjährigen Krieg durch, denn in den beiden letzten Jahren hat er überhaupt keine Schlachten geschlagen, und über die von 1758 bis 1760 gelieferten Schlachten sprechen seine Schriften in einer, seine Anbeter beschämenden Bescheidenheit fast mit entschuldigenden Worten. Vielmehr: er rettete sich und seine Krone durch die äußerste Erschöpfung des eigenen Landes, die fürchterliche Aussaugung Sachsens, die englischen Subsidien[1] und die – Münzverschlechterung.

Fortsetzung des dreißigjährigen Krieges in der That! Die Kipper und Wipper[2] des siebzehnten Jahrhunderts feierten eine fröhliche Urständ, so sehr Friedrich für

---

(1) * (lat.) Hilfsgelder für Friedrichs Krieg seitens seines englischen Verbündeten (Londoner Vertrag vom 11. April 1758).
(2) * Falschmünzer und Münzverschlechterer, seit dem Dreißigjährigen Krieg im Sprachgebrauch.

seine Person diese alte Fürstenindustrie verachtete. Er schämte sich ihrer wirklich und ließ seine falschen Münzen unter polnisch-sächsischem Stempel schlagen, wie denn die »polnischen Achtgroschenstücke« bis zur Einführung der deutschen Reichsmünze eine Plage der 5 preußischen Bevölkerung geblieben sind, oder er kaufte ein paar Brüder von Gottes Gnaden, wie den Fürsten von Anhalt-Bernburg, um mit ihrem landesväterlichen Antlitze seine Blechkappen und Grünjacken[3] zu schmücken. Aber es half alles nichts, Geld, Geld und 10 abermals Geld war nach Montecuculis[4] treffendem Worte nun einmal der Nerv der damaligen Kriegführung. Und es ist doch auch nicht zu übersehen, daß Friedrich nicht erst in der Noth zu seiner »Industrie« griff, wie er sie verschämt nennt. Schon vor dem Aus- 15 bruch des siebenjährigen Krieges schloß der König mit den drei Münzjuden Hertz Moses Gumpertz, Moses Isaak und Daniel Itzig einen Kontrakt wegen Ausprägung von Landesscheidemünze, um den Krieg mit geringerem Aufwande von edlem Metall im Auslande zu 20 führen. Mit der wachsenden Noth wurde das Geld nur immer schlechter, und deshalb hat sich vorwiegend an Veitel Ephraim, dem letzten Münzjuden[5] Friedrichs, der Fluch und der Haß des Volkes geheftet. Sehr unerfreulich war auch, daß Friedrich seine Söldner und seine 25 Unterthanen in schlechtem Gelde zahlte, aber selbst in gutem Gelde bezahlt sein wollte; auf diese Weise zog er alles gute Geld aus dem Lande, um es in schlechtes auszumünzen; erst als das gute Geld überhaupt verschwunden war, gestattete er im Jahre 1760, daß die königli- 30 chen Kassen »bloß aus Gnaden« auch schlechtes Geld annehmen dürften. Das stärkste Stück war aber, daß Friedrich die bei den Gerichten in gutem Gelde nieder-

---

(3) * Volkstümliche Namen für damals im Umlauf befindliche schlechte (neue) Geldsorten. 35
(4) * Graf Raimund von Montecuccoli (1609 – 1680), kaiserlicher Feldherr und Kriegstheoretiker.
(5) * Die Prägung der neuen Münzen wurde gewerblich von jüdischen Unternehmungen betrieben.

113

gelegten Summen einziehen und nach Beendigung der Prozesse den Parteien in schlechtem Gelde zurückzahlen ließ; wenn die in ihrem Vertrauen auf preußische Justiz so schmählich Geprellten darüber sich beschwerten, so mußten alle Instanzen sich anstellen, als verstünden sie die Beschwerden gar nicht. [...]

Franz Mehring: Die Lessing-Legende. Eine Rettung. Dietz, Stuttgart 1893, S. 187–189. Ausschnitt.

2. J. C. Gotzkowsky:
Geschichte eines patriotischen Kaufmanns

(1768)
Im Monat Jan. 1762 sollte die Stadt Leipzig abermalen 3 Millionen Rthlr.[6] an Contribution[7] erlegen. Ich befand mich zu eben der Zeit daselbst, um eines Theils Sr. Königl. Maj. einige von denen für Sie erhandelten kostbaren Tableaux[8], die ich zu dem Ende dahin transportiren lassen, zu zeigen, und andern Theils Höchst Denenselben bekannt zu machen, daß ich Dero hohe Absicht erreichet, und Dero geäußerten Wunsch in Ansehung der Porcellainfabrique erfüllet hätte, wovon ich Ihnen sogleich einige Stücke überbrachte.
Se. Maj. bezeigten, wie leicht zu erachten, hierüber Dero Verwunderung und Zufriedenheit. Es war nur ein Jahr verflossen, daß Sie diesen Wunsch gleichsam im vorübergehen geäußert hatten, und jetzo war die Fabrique errichtet. Es arbeiteten damals schon bey 150 Menschen darinne, worunter sich 80 junge Bursche von guten Eltern befanden, die theils zur Bildhauer- und theils zur Mahlerkunst angenommen und zugezogen wurden ...
Bey der großen Noth, worinn die Leipziger Bürgerschaft sich abermal befand, wandte sich der Rath wiederum an mich. Es war gar nicht abzusehen, woher die

(6) * Reichstaler.
(7) * (lat.) Unterstützungszahlung.
(8) * Plural zu (frz.) »tableau« = Gemälde.

geforderten drey Millionen Rthlr. genommen werden
sollten, und ich war bey allen Versammlungen, die auf
dem Rathhaus gehalten wurden, gegenwärtig.

Es war bereits so weit, daß die Herren Bürgermeister
und der Rath, nebst den vornehmsten Kaufleuten, auf 5
die Hauptwache gebracht werden sollten: ohne daß
noch jemand wußte, woher 100 Rthlr. geschweige 3 Millionen herkommen sollten; als ich mich durch das La-
mentiren so vieler Nothdürftigen nochmals bewegen
ließ, eine Interceßion[9] bey Sr. Maj. einzulegen und 10
HöchstDenenselben die Unmöglichkeit, so viel baares
Geld zusammen zu bringen, gründlich, doch demü-
thigst, vorzustellen.

Se. Maj. erwähnten huldreichst: Woher Sie denn das
Geld zu Fortsetzung des Krieges hernehmen sollten, da 15
so viele Ihrer Länder von feindlichen Truppen einge-
nommen wären? Ließen sich aber doch bewegen, von
den 3 Millionen bis auf 1 100 000 Rthlr. herunter zu lassen, über welche Summe ich Denenselben meinen
Wechsel ausstellen, und die Garantie der richtigen Ab- 20
tragung von mir geben mußte. Se. Maj. waren in der
Vermuthung, daß ich bey dieser Gelegenheit mir wiederum eine ansehnliche Summe für meine Bemühung
zahlen lassen würde, und ich widersprach auch nicht,
als ob solches nicht geschehen sollte; allein ich nahm 25
nichts, und daß solches nicht geschehen, ließ ich mir
diese meine Behandlung durch folgendes Document be-
scheinigen:

»Wir Bürgermeister und Rath der Stadt Leipzig urkunden hiermit und bezeugen zu Steuer der Wahrheit, was gestalt nachdem 30
des Königes von Preußen Maj. durch die Herren Majors von
Dyherrn und von Keller, ingleichen durch den Herrn Krieges-
rath Flesch, hiesige Stadt am 6ten dieses abermals eine über alle maßen hohe extraordinaire[10] von 3 Millionen bis auf
1 100 000 Rthlr. in jetzt coursirender Silbermünze allergnädigst 35
moderirte[11] Geldcontribution abgefordert; derselben aber, da

---

(9) * (lat.) Vermittlung, Bürgschaft.
(10) * (lat./frz.) außerordentlich.
(11) * (lat.) ermäßigte.

sie nicht nur überhaupt durch die vorher gegangenen Prästan-
da[12] ganz erschöpfet, sondern auch vom vorigen Jahr 200 000
Rthlr. an dergleichen Contribution Herrn J. C. Gotzkowsky
annoch schuldig ist, und in diesem Jahre ein gegen das vergan-
5 gene Jahr außerordentlich erhöhetes Ordinarium[13] zu erlegen
hat, die Summe von 1 100 000 Rthlr., in denen von des Königes von Preußen Majest. durch die Herrn Commissairs vorge-
schriebenen Fristen zu erlegen nicht möglich ist, wir und hiesige bedrängte Einwohner vorgenannten Tit.[14] Herrn J. C. Gotz-
10 kowsky, angesehenen Banquier zu Berlin, dringend ersucht haben, so wie in dem abgewichenen 1761sten Jahr für die hiesige
Stadt und Kaufmannschaft bey des Königes Maj. mit seinem
Credit und werkthätigen Aßistenz zu interce diren[15], und Aller-
höchstdieselben zu bezahlen, hiesiger Stadt aber leidliche Fri-
15 sten zu Wiederbezahlung gegen Versicherung zu accordiren[16];
diesem inständigen Ersuchen nun hat wohlgedachter Herr
Gotzkowsky statt gegeben, und der hiesigen Kaufmannschaft
auch gesammter Stadt, in dieser abermaligen Noth aus Gefäl-
ligkeit und Achtung, als ein wahrer Menschenfreund, ohne alle
20 Absicht und Eigennutz, blos zu Abwendung des gedroheten
Unglückes, rühmlichst beygestanden, und die von denen obge-
nannten Herren Commissairs geforderte Caution auf unser
und der Kaufmannschaft bewegliches Ersuchen bestellet. Sign.
Leipzig den 20ten Jan. 1762.
25 (L. S.)   Der Rath zu Leipzig.«

[. . .] Der eigentliche wahre Umstand aber, warum ich
mich in Erhaltung des allgemeinen Credits so eifrig be-
wieß, war dieser: Ohngeachtet der vorhero gemeldeten
großen Summen, die ich ohne mein Verschulden verlie-
30 ren müssen, und ohngeachtet der uneigennützigen Be-
gegnung, mit der ich die Leipziger Contributionsangele-
genheiten betrieben, hatten mir diese letztern bereits einen Gewinn von 500 000 Rthlr. zuwege gebracht, ohne
daß ich solchen vorher sehen können. Ich hatte nämlich
35 nichts gethan, als nur die Vorsicht gebraucht, daß ich

---

(12) * (lat.) Abgaben, Gebühren.
(13) * (lat.) Gesamtheit der Ausgaben, Staatshaushalt.
(14) * Abkürzung für (lat.) Titulus als Dienst- und Rangbezeichnung.
(15) * (lat.) vermitteln, bürgen.
40 (16) * (lat./frz.) vereinbaren, gewähren.

mir von der Leipziger Kaufmannschaft die Verschreibung, sobald die Summen stipuliret[17] waren, in alt Gold reduciren[18], und die Obligationen darinn ausfertigen lassen. Dieses hatte denn die Wirkung, daß, wenn meine Zahlungstermine herankamen, die ich an Se. Maj. zu leisten hatte, und die jedesmal in gangbarer[19] Münze geschahen, diese letztere gegen das alte Gold so weit herunter gefallen waren, daß mir zu dreyßig und mehr pro Cent davon übrig bliebe, wodurch ich denn alle vorher überstandene Verluste ersetzen und noch einen sehr ansehnlichen Gewinnst erübrigen konnte. Mithin so war mir an der Erhaltung des allgemeinen Credits, und da ich solchen selbst zu Ausführung meiner übrigen Desseins nöthig hatte, so viel gelegen. [. . .]

J. C. Gotzkowsky: Geschichte eines patriotischen Kaufmanns. In: Dieter Hildebrandt (Hrsg.): G. E. Lessing, Minna von Barnhelm. Ullstein, Berlin 1969, S. 119, 120, 123. Auschnitte.

(17) * (lat.) vereinbart, festgesetzt.
(18) * (lat.) zurückführen, hier: auf den alten Münzfuß umschreiben.
(19) * gängig, derzeitig.

II. Patriotismus und nationale Literatur

1. Johann Wolfgang von Goethe: [»Die wahrste Ausgeburt des Siebenjährigen Krieges«]

5 *(1811–22)*

[...] Der erste wahre und höhere eigentliche Lebensge-
halt kam durch Friedrich den Großen und die Taten des
Siebenjährigen Kriegs in die deutsche Poesie. Jede Na-
tionaldichtung muß schal sein oder schal werden, die
10 nicht auf dem Menschlich-Ersten ruht, auf den Ereig-
nissen der Völker und ihrer Hirten, wenn beide für *einen* Mann stehn. Könige sind darzustellen in Krieg und
Gefahr, wo sie eben dadurch als die Ersten erscheinen,
weil sie das Schicksal des Allerletzten bestimmen und
15 teilen, und dadurch viel interessanter werden als die
Götter selbst, die, wenn sie Schicksale bestimmt haben,
sich der Teilnahme derselben entziehen. In diesem Sinne muß jede Nation, wenn sie für irgend etwas gelten
will, eine Epopöe[20] besitzen, wozu nicht gerade die
20 Form des epischen Gedichts nötig ist.

Die ›Kriegslieder‹, von Gleim[21] angestimmt, behaupten
deswegen einen so hohen Rang unter den deutschen
Gedichten, weil sie mit und in der Tat entsprungen
sind, und noch überdies, weil an ihnen die glückliche
25 Form, als hätte sie ein Mitstreitender in den höchsten
Augenblicken hervorgebracht, uns die vollkommenste
Wirksamkeit empfinden läßt.

Ramler[22] singt auf eine andere, höchst würdige Weise
die Taten seines Königs. Alle seine Gedichte sind ge-
30 haltvoll, beschäftigen uns mit großen, herzerhebenden

---

(20) * (griech.) episches Dichtwerk, Götter- und Heldengedicht.
(21) * Johann Wilhelm Ludwig Gleim (1719 – 1803), beliebter Lyriker,
Verf. der Preußischen Kriegslieder eines Grenadiers (1758). Siehe Texte
II 2 und II 3.
35 (22) * Karl Wilhelm Ramler (1725 – 1798), Odendichter.

Gegenständen und behaupten schon dadurch einen un-
zerstörlichen Wert.

Denn der innere Gehalt des bearbeiteten Gegenstandes
ist der Anfang und das Ende der Kunst. Man wird zwar
nicht leugnen, daß das Genie, das ausgebildete Kunstta-
lent, durch Behandlung aus allem alles machen und den
widerspenstigsten Stoff bezwingen könne. Genau besehen, entsteht aber alsdann immer mehr ein Kunststück
als ein Kunstwerk, welches auf einem würdigen Gegen-
stande ruhen soll, damit uns zuletzt die Behandlung,
durch Geschick, Mühe und Fleiß, die Würde des Stoffes
nur desto glücklicher und herrlicher entgegenbringe.

Die Preußen und mit ihnen das protestantische
Deutschland gewannen also für ihre Literatur einen
Schatz, welcher der Gegenpartei fehlte und dessen
Mangel sie durch keine nachherige Bemühung hat ersetzen können. An dem großen Begriff, den die preußischen Schriftsteller von ihrem König hegen durften,
bauten sie sich erst heran, und um desto eifriger, als
derjenige, in dessen Namen sie alles taten, ein für alle-
mal nichts von ihnen wissen wollte. Schon früher war
durch die französische Kolonie, nachher durch die Vor-
liebe des Königs für die Bildung dieser Nation und für
ihre Finanzanstalten eine Masse französischer Kultur
nach Preußen gekommen, welche den Deutschen höchst
förderlich ward, indem sie dadurch zu Widerspruch
und Widerstreben aufgefordert wurden; ebenso war die
Abneigung Friedrichs gegen das Deutsche für die Bildung des Literarwesens ein Glück. Man tat alles, um
sich von dem König bemerken zu machen, nicht etwa,
um von ihm geachtet, sondern nur beachtet zu werden;
aber man tat's auf deutsche Weise, nach innerer Über-
zeugung, man tat, was man für recht erkannte, und
wünschte und wollte, daß der König dieses deutsche
Rechte anerkennen und schätzen solle. Dies geschah
nicht und konnte nicht geschehen: denn wie kann man
von einem König, der geistig leben und genießen will,
verlangen, daß er seine Jahre verliere, um das, was er
für barbarisch hält, nur allzu spät entwickelt und ge-

nießbar zu sehen? In Handwerks- und Fabriksachen mochte er wohl sich, besonders aber seinem Volke, statt fremder vortrefflicher Waren, sehr mäßige Surrogate[23] aufnötigen; aber hier geht alles geschwinder zur Vollkommenheit, und es braucht kein Menschenleben, um solche Dinge zur Reife zu bringen.

Eines Werks aber, der wahrsten Ausgeburt des Siebenjährigen Krieges, von vollkommenem norddeutschem Nationalgehalt, muß ich hier vor allen ehrenvoll erwähnen; es ist die erste aus dem bedeutenden Leben gegriffene Theaterproduktion, von spezifisch temporärem[24] Gehalt, die deswegen auch eine nie zu berechnende Wirkung tat: ›Minna von Barnhelm‹. Lessing, der, im Gegensatze von Klopstock und Gleim, die persönliche Würde gern wegwarf, weil er sich zutraute, sie jeden Augenblick wieder ergreifen und aufnehmen zu können, gefiel sich in einem zerstreuten Wirtshaus- und Weltleben, da er gegen sein mächtig arbeitendes Innere stets ein gewaltiges Gegengewicht brauchte, und so hatte er sich auch in das Gefolge des Generals Tauentzien begeben. Man erkennt leicht, wie genanntes Stück zwischen Krieg und Frieden, Haß und Neigung erzeugt ist. Diese Produktion war es, die den Blick in eine höhere, bedeutendere Welt aus der literarischen und bürgerlichen, in welcher sich die Dichtkunst bisher bewegt hatte, glücklich eröffnete.

Die gehässige Spannung, in welcher Preußen und Sachsen sich während dieses Kriegs gegen einander befanden, konnte durch die Beendigung desselben nicht aufgehoben werden. Der Sachse fühlte nun erst recht schmerzlich die Wunden, die ihm der überstolz gewordene Preuße geschlagen hatte. Durch den politischen Frieden konnte der Friede zwischen den Gemütern nicht sogleich hergestellt werden. Dieses aber sollte gedachtes Schauspiel im Bilde bewirken. Die Anmut und Liebenswürdigkeit der Sächsinnen überwindet den

---

(23) * (lat.) Ersatzmittel, -stoffe.
(24) * (lat.) zeitgenössisch, vorübergehend.

Wert, die Würde, den Starrsinn der Preußen, und sowohl an den Hauptpersonen als den Subalternen wird eine glückliche Vereinigung bizarrer und widerstrebender Elemente kunstgemäß dargestellt. [. . .]

Johann Wolfgang von Goethe: Dichtung und Wahrheit, 7. Buch. 5
In: Goethes Werke (Hamburger Ausgabe), hrsg. von Erich
Trunz. Band IX. Christian Wegner, Hamburg 1955, S. 279–282.
Ausschnitt.

Die patriotische Lyrik und Lessings Position

2. Johann Wilhelm Gleim: 10
Bei Eröffnung des Feldzuges 1756

Krieg ist mein Lied! Weil alle Welt
   Krieg will, so sei es Krieg!
Berlin sei Sparta! Preußens Held
   Gekrönt mit Ruhm und Sieg!   15

Gern will ich seine Taten tun;
   Die Leier in der Hand,
Wenn meine blut'gen Waffen ruhn,
   Und hangen an der Wand.

Auch stimm' ich hohen Schlachtgesang   20
   Mit seinen Helden an,
Bei Pauken und Trompetenklang,
   Im Lärm von Roß und Mann;

Und streit', ein tapfrer Grenadier,
   Von Friedrichs Mut erfüllt!   25
Was acht' ich es, wenn über mir
   Kanonendonner brüllt?

Ein Held fall' ich; noch sterbend droht
   Mein Säbel in der Hand!
Unsterblich macht der Helden Tod,   30
   Der Tod fürs Vaterland!

Auch kömmt man aus der Welt davon,
    Geschwinder wie der Blitz;
Und wer ihn stirbt, bekömmt zum Lohn,
    Im Himmel hohen Sitz!

5 Wenn aber ich, als solch ein Held,
    Dir, Mars, nicht sterben soll,
Nicht glänzen soll im Sternenzelt:
    So leb' ich dem Apoll!

So werd' aus *Friedrichs* Grenadier,
10   Dem Schutz, der Ruhm des Staats:
So lern' er deutscher Sprache Zier
    Und werde sein Horaz.

Dann singe Gott und *Friederich*,
    Nichts kleiners, stolzes Lied!
15 Dem Adler gleich erhebe dich,
    Der in die Sonne sieht!

– – mares animos in Martia bella
Versibus exacuo – –[25]

Johann Wilhelm Gleim: Preußische Kriegslieder in den Feldzü-
20 *gen 1756 und 1757 von einem Grenadier. In: Der Siebenjährige*
Krieg im Spiegel der zeitgenössischen Literatur, hrsg. von Fritz
Brüggemann. Reclam, Leipzig 1935 (Deutsche Literatur. Reihe
Aufklärung. Band 9), S. 97/98.

---

(25) * (lat.) . . . durch Verse stachele ich die Seelen an zu martialischen
25 Kriegen.

3. Johann Wilhelm Gleim:
Schlachtgesang vor der Schlacht bei Prag

Am 6. Mai 1757
Was kannst du? Tolpatsch[26] und Pandur[27],
  Soldat und Offizier!   5
Was kannst du? fliehen kannst du nur;
  Und siegen können wir.

Wir kommen; zittre! Deinen Tod
  Verkündigt Roß und Mann!
Wir kommen, unser Kriegesgott,   10
  Held Friedrich, ist voran!

Auch ist mit seiner Heldenschar,
  Der Held *Schwerin* nicht fern,
Wir sehen ihn; sein graues Haar
  Glänzt uns als wie ein Stern!   15

Was hilft es, Feind, daß groß Geschütz
  Steht um dich her gepflanzt?
Was hilft es, daß mit Kunst und Witz
  Dein Lager steht umschanzt?

Gehorsam feurigem Verstand   20
  Und alter Weisheit nun,
Stehn wir, die Waffen in der Hand,
  Und wollen Taten tun.

Und wollen trotzen deiner Macht,
  Auf hohem Felsensitz,   25
Und deinem Streich, uns zugedacht,
  Und deinem Kriegeswitz.

---

(26) * Schimpfwort für österreichische und ungarische Soldaten.
(27) * Ehemals bewaffnete Diener ungarischer Edelleute. Dann: eine
österreichische Truppe (1741 – 1756), die wegen ihrer Raubgier berüch- 30
tigt war.

Und deinem Stolz und deinem Spott;
   Denn diesen bösen Krieg
Hast du geboren: drum ist Gott
   Mit uns, und gibt uns Sieg!

5 Und läßt uns herrlichen Gesang
   Anstimmen nach der Schlacht.
Schweig, Leier! Hört Trompetenklang!
   Still, Brüder! gebet acht!

Gleim: Preußische Kriegslieder, s. o., S. 104.

10 4. Gotthold Ephraim Lessing: [An Gleim]

Liebster Freund,
Ich bleibe Ihnen die Antwort auf Ihre letzten sehr ange-
nehmen Briefe lange schuldig. Sie werden die Ursache
gleich hören. Vor allen Dingen muß ich Ihnen sagen,
15 daß ich das Gedicht unsers Grenadiers[28], als ein Gedicht, mit dem größten Vergnügen gelesen habe. Er ist
hier weit ernster, feierlicher, erhabner, als in seinen Lie-
dern, ohne deswegen aus seinem Charakter zu gehen.
Allein soll ich es für nichts, als für eine Wirkung seiner
20 frappanten Art zu malen halten, wenn mir bei verschiedenen Stellen vor Entsetzen die Haare zu Berge gestanden haben? Sehen Sie, liebster Freund, ich bin aufrich-
tig und ich kann es gegen Sie ohne Gefahr sein. Ich
wollte diese Stellen nicht zum zweiten Male lesen und
25 wenn ich noch so vieles damit gewinnen könnte. Ja gesetzt, es wird über kurz oder lang Friede; gesetzt, die
jetzt so feindselig gegeneinander gesinnten Mächte söh-
nen sich aus – (ein Fall, der ganz gewiß erfolgen muß) –
was meinen Sie, daß alsdann die kältern Leser, und
30 vielleicht der Grenadier selbst, zu so mancher Übertreibung sagen werden, die sie jetzt in der Hitze des Affekts

---

(28) * Lessing meint hier Gleims lange Ode ›An die Kriegsmuse nach
dem Siege bei Zorndorf‹. Auf Lessings Einwände milderte Gleim anti-
sächsische Ausfälle.

für ungezweifelte Wahrheiten halten? Der *Patriot* über-
schreiet den Dichter zu sehr, und noch dazu so ein sol-
datischer Patriot, der sich auf Beschuldigungen stützet,
die nichts weniger als erwiesen sind! Vielleicht zwar ist
auch der Patriot bei mir nicht ganz erstickt, obgleich
das Lob eines eifrigen Patrioten, nach meiner Denkungsart, das allerletzte ist, wonach ich geizen würde;
des Patrioten nämlich, der mich vergessen lehrt, daß ich
ein Weltbürger sein sollte. In diesem Falle also, wenn es
nämlich eine bloße Kollision des Patriotismus ist, die
mich dieses Mal mit unserm Grenadier weniger zufrieden macht, als ich sonst zu sein so viel Ursachen habe –
veniam petimus dabimusque vicissim[29]. Ich war auch, in
Betrachtung dessen, gar nicht willens, das Gedicht unsers Grenadiers zu unterdrücken oder wenigstens vom
Drucke abzuhalten. Allein da jetzt, bei großer Strafe,
nicht eine Zeile ohne Zensur und Erlaubnis hier in Berlin gedruckt werden darf, so mußte es notwendig vorher
zensiert werden, und *erst heute* erfahre ich, daß es die
Zensur nicht passieren kann. Ohne Zweifel ist die *anstö-
ßige* Erwähnung des *von Katt* die vornehmste Ursache.
Der König hat sich in dieser Sache selbst zu öffentlich
unrecht gegeben, als daß es ihm angenehm sein könnte,
sich auf eine solche Weise daran erinnert zu sehen.
Unterdessen, liebster Freund, werde ich das Gedicht
doch bei mir behalten und in wenig Wochen einen Gebrauch davon machen, bei welchem der Dichter keine
Gefahr läuft und der Herausgeber sich nichts vorzuwerfen hat. Sie sollen damit zufrieden sein; ich weiß es gewiß. Zeigen Sie aber dem Grenadier diesen meinen
Brief nicht; denn ich fange wirklich an, mich vor ihm zu
fürchten. Es scheinet, er läßt sich zu leicht in Harnisch
jagen. Sein Major hat weit kältres Blut, und ich würde
wider den Schluß seines Cissides[30] nichts zu sagen ha-

(29) * (lat.) wollen wir Nachsicht erbitten und einander gewähren (Ho-
raz).
(30) * ›Cissides und Paches‹, Epos des Offiziers (»Majors«) und Lyri-
kers Ewald von Kleist (1715 – 1759), der in der Schlacht bei Kunersdorf
tödlich verwundet wurde.

ben, wenn ich auch der eifrigste Verfechter der Gegenpartei wåre. Ich bin es aber nicht; das wissen Sie.

Leben Sie wohl, liebster Freund, und schreiben Sie mir mit nåchster Post, wenn ich nicht glauben soll, daß ich Sie durch diesen Brief unwillig gemacht habe. Ich bin zeitlebens

Berlin, Ihr ergebenster
den 16. Dezember 1758. Freund Lessing.

Briefe von und an G. E. Lessing. In fünf Bänden. Hrsg. von Franz Muncker. 1. Band. Göschen'sche Verlagshandlung, Leipzig 1907, S. 332/333.

III. Theatergeschichtliche Situation und Theorie der Komödie

1. Helferich Peter Sturz: [Eine Kritik des deutschen Theaters von 1767]

[...] Die Epoche der guten Comedie scheint freylich noch ferne von uns zu seyn, am Lächerlichen fehlt es uns nicht, aber welche Sitten sollen wir schildern? Die Sitten einer einzelnen Provinz? denn die zwey neuen Abhandlungen vom deutschen Nationalgeist haben uns keine gegeben; sehen die Deutschen an der Elbe und an der Donau sich ähnlich? Haben wir eine Hauptstadt, die uns alle versammlet, die uns mit uns selber bekannt macht? die den Ton angiebt, deren Moden Gesetze für die ganze Nation sind? Man hat die Sitten und die gesellschaftliche Sprache von Sachsen zur herrschenden in unserem Lustspiel gemacht, in vielen Gegenden von Deutschland aber wird man sie weichlich und tändelhaft finden, indessen sind die Sachsen Vergleichungsweise noch am meisten zum feineren Leben gebildet, denn der größte Theil unsers Vaterlandes sind, wie Moser[31] sagt, noch moralische Wälder und Heyden.

Der Witz des Umgangs, der geistvolle Scherz, die lachende Satyre, die Urbanität[32], (eine Sache, die unsere Sprache noch nicht nennt,) alles dieses sind Kennzeichen der schönsten Zeit eines Volks; auch rauhe Nationen haben ihre Ossiane[33] gehabt, aber Moliere[34] konnte nur unter Ludwig dem Großen, nur in Frankreich gebo-

---

(31) * Friedrich Karl Freiherr v. Moser (1723 – 1798), Jurist und Schriftsteller. Der ihm unterstellte Ausspruch ist nicht belegt.

(32) * (lat.) Bildung, feine Lebensart.

(33) * Der schottische Dichter James McPherson (1736 – 1796) gab eine bearbeitete Sammlung altenglischer Dichtungen als Werk eines Barden Ossian heraus.

(34) * franz. Dramatiker (eigtl. Jean-Baptiste Poquelin), lebte von 1622 bis 1673, von Ludwig XIV. begünstigt.

ren werden. Wir haben leider eine Originallaune, die, als Carricatur betrachtet, nicht ohne glückliche Züge ist, ich meyne die Possenspiele[35] des Hannswursts, sobald wir aber die comische Sprache verfeinern wollen, so
5 werden wir fade oder gekünstelt. Die höhere Comedie kann uns nicht wohl besser gelingen; denn in der guten Gesellschaft sind wir meistentheils keine Deutsche mehr, unsere Sitten sind nachgeahmt, und unsere Einfälle übersetzt, unsere ganze Artigkeit ist, wie Haman
10 Böhme[36] weißagt, aus französischer Seide gesponnen, und wenn wir diese schielende Geschöpfe[37] auf das Theater bringen, so copieren wir die Copie. Die Regierungsform in Deutschland trägt unstreitig sehr viel zu der Unfruchtbarkeit unserer Charactere mit bey; die
15 deutsche Freyheit ist nicht viel mehr als eine Redensart in dem Style der Reichs- und Kreistage; wir empfinden nachdrücklich genug, die schwere Hand unserer Beherrscher, die bis an die Gränzen ihrer Staaten herum reichen, und sie durch und durch mit Ihrer Gegenwart
20 ausfüllen, wir werden nach dem Ton ihrer Höfe unterthänig erzogen, nach kleinen Aussichten gebildet, wie Bäume in geschmacklosen Gärten in schnörkelartige Gestalten verschnitten, und nur sehr sparsam durch den Staubregen ihrer Wohlthaten erquickt. Was Wunder,
25 wenn man auf dem deutschen Boden nur ungesunde Stauden und Buschwerk wahrnimmt?
Die französische Regierung ist freylich eigenmächtig genug; aber die Monarchie ist groß, man ist dem Jupiter[38] und dem Donner nicht so nahe, sie wird dem Hau-
30 fen am Throne nur fühlbar, und der unbebänderte Weltweise, der mit der Titelsucht unbehaftete Bürger

---

(35) * Sammelname für die unliterarischen volkstümlichen Lustspiele des 17. und frühen 18. Jh.s. Ihre Zentralfigur war Hans Wurst.
(36) * Johann Georg Hamann (1730 – 1788), philosophischer Schrift-
35 steller, wurde wegen seiner schwierigen religiösen Texte mit dem frühbarocken Mystiker Jakob Böhme (1575 – 1624) verglichen.
(37) * Rückübersetzung aus dem frz. »oblique« = abhängig, die lat. Form steht für schief, schielend. Hier also: (vom Französischen) abhängige Dramenfiguren.
40 (38) * Der griech. Gott Jupiter steht hier für den franz. Königshof.

128

lebt und denkt wie er will, überdies, so breitet die Handlung³⁹, der Fleiß, die zinsbare Thorheit modesiecher Völker Reichthum und Ueberfluß unter ihnen aus, und folglich Unabhängigkeit und Freyheit. Alsdann nur entsteht Mannichfaltigkeit in den Sitten, vollkommene und große Gewächse, und neue außerordentliche Abarten, wir sehen es in England, welche bizarre Gestalten die sich selber gelassene Natur unter den Menschen hervor bringt. Dem ohngeachtet giebt es auch in Deutschland interessante Charactere, ich zeichne die Schwierigkeiten nur aus, und spreche dem Genie die Fähigkeit nicht ab, den leblosen Stoff zu beseelen.

Wenn jedoch auch unter uns ein dramatisches Genie aufstünde! Wo sind die Acteurs, die es nicht durch ihre Vorstellung entehren? Wie lange ist es her, daß es die Neuberin⁴⁰ wagte, die gesunde Vernunft auf dem deutschen Theater einzuführen, daß Sie, zur Ehre von Deutschland, sich über die Gewinnsucht empor hob, und lieber ein kleines Parterre als Pöbel und Gedränge verlangte, Sie, die zur Schande von Deutschland, unter den Trümmern ihrer Bühne hervor, zu einer Bande flüchten mußte?

Was waren unsere Schauspieler damals, und was sind sie größtentheils noch? ein Haufen Unglücklicher, die kein Trieb, kein Ruf der Natur, keine unüberwindliche Neigung, nein, Verzweiflung, die auf Ausschweifungen folgte, zu einander versammlet, die wie Aussätzige von ihren Mitbürgern abgesondert leben, und so wie Thespis⁴¹ und sein Gefolge bey dem Anfange der Kunst auf Karren hin und herziehen. Setzen Sie hinzu, daß es unsre Schuld ist, wenn Ihre Seele noch immer niedriger noch immer unedler wird, daß nur wenige unter uns

(39) * Im 18. Jh. gebräuchlich für Wirtschaft, Handelsverkehr. Der ganze Abschnitt ist stark reformerisch-politisch.
(40) * Friederike Caroline Neuber (1697–1760), Schauspielerin und zwischen 1725 und 1750 Leiterin einer wichtigen Theatertruppe. Nachher wechselnde Tätigkeit bei kleineren Truppen (›Banden‹).
(41) * Vermeintlicher Begründer der altgriech. Tragödie im 6. Jh. v. Chr. Thespiskarren = umherziehende Schauspielertruppe.

dem Vorurtheil Trotz bieten, welches ihren Umgang mit
Verachtung bezeichnet. Wir begegnen ihnen härter als
die Franzosen, denn Sie mißhandeln sie bloß nach ihrem Tode, wir bey Ihrem Leben, Sie verschließen ihren
5 Kirchhof vor Ihnen, aber Ihre Besuchstuben nicht; Sie
halten dafür, daß Orosmann, der auf der Bühne ihre
Bewunderung erwarb, einige Achtung im gemeinen Leben verdiene, und daß Merope[42], Monime[42] und Zayre[42]
keine schlechte Gesellschafterinnen sind. [. . .]

10 *Helferich Peter Sturz: Schriften. 2. Sammlung. Weidmann und*
Reich, Leipzig 1782, S. 161–165. Ausschnitt.

2. Gotthold Ephraim Lessing:
Abhandlungen von dem weinerlichen oder
rührenden Lustspiele

15 *(1754)*
[. . .] Anfangs muß man über die Erklärung der rührenden oder weinerlichen Komödie einig werden. Will man
eine solche darunter verstanden haben, welche hier und
da rührende und Tränen auspressende Szenen hat; oder
20 eine solche, welche aus nichts als dergleichen Szenen
besteht? Meinet man eine, wo man nicht immer lacht,
oder wo man gar nicht lacht? Eine, wo edle Charaktere
mit ungereimten verbunden sind, oder eine, wo nichts
als edle Charaktere vorkommen?
25 Wider die erste Gattung, in welcher Lachen und Rührung, Scherz und Ernst abwechseln, ist offenbar nichts
einzuwenden. Ich erinnere mich auch nicht, daß man jemals darwider etwas habe einwenden wollen. Vernunft
und Beispiele der alten Dichter verteidigen sie. Er, der
30 an Scherz und Einfällen der reichste ist, und Lachen zu
erregen nicht selten Witz und Anständigkeit, wie man
sagt, bei Seite gesetzt hat, Plautus[43] hat die ›Gefangnen‹

(42) * Titelfiguren in Dramen des franz. Aufklärers Voltaire
(1694 – 1778).
35 (43) * römischer Lustspieldichter (ca. 250 – 184 v. Chr.).

gemacht und, was noch mehr ist, dem Philemon⁴⁴ seinen *Schatz,* unter der Aufschrift ›Trinummus‹ abge-
borgt. In beiden Stücken, und auch in andern, kommen
Auftritte vor, die einer zärtlichen Seele Tränen kosten
müssen. Im Moliere selbst, fehlt es an rührenden Stellen   5
nicht, die nur deswegen ihre völlige Wirkung nicht tun
können, weil er uns das Lachen allzugewöhnlich macht.
Was man von dem schleinigen Übergange der Seele von
Freude auf Traurigkeit, und von dem unnatürlichen
desselben gesagt hat; betrifft nicht die Sache selbst, son-   10
dern die ungeschickte Ausführung. Man sehe das Exem-
pel, welches der Franzose aus dem Schauspiele, ›Sim-
son‹, anführt. Freilich muß der Dichter gewisse Staffeln,
gewisse Schattierungen beobachten, und unsre Empfindungen niemals einen Sprung tun lassen. Von einem   15
Äußersten plötzlich auf das andre gerissen werden, ist
ganz etwas anders, als von einem Äußersten allmählig
zu dem andern gelangen.
Es muß also die andre Gattung sein, über die man
hauptsächlich streitet; diejenige nämlich, worinne man   20
gar nicht lacht, auch nicht einmal lächelt; worinne man
durchgängig weich gemacht wird. Und auch hier kann
man eine doppelte Frage tun. Man kann fragen, ist ein
solches Stück dasjenige, was man von je her unter dem
Namen Komödie verstanden hat? Und darauf antwor-   25
tet Hr. Gellert⁴⁵ selbst Nein. Ist es aber gleichwohl ein
Schauspiel, welches nützlich und für gewisse Denkungs-
arten angenehm sein kann? Ja; und dieses kann der
französische Verfasser selbst nicht gänzlich in Abrede
sein.   30
Worauf kömmt es also nun noch weiter an? Darauf,
sollte ich meinen, daß man den Grad der Nützlichkeit
des neuen Schauspiels, gegen die Nützlichkeit der alten

---

(44) * griechischer Lustspieldichter (361 – 263 v. Chr.).
(45) * Christian Fürchtegott Gellert (1715 – 1769), viel gelesener Au-   35
tor, als Dramatiker Vertreter des handlungsarmen rührenden Lustspiels. Lessing setzt sich hier mit Gellerts lat. Rede ›Pro commedia
commovente‹ (1745) auseinander, in der dieser das neue Genre recht-
fertigt.

Komödie bestimme, und nach Maßgebung dieser Bestimmung entscheide, ob man beiden einerlei Vorzüge einräumen müsse oder nicht? Ich habe schon gesagt, daß man niemals diejenigen Stücke getadelt habe, welche Lachen und Rührung verbinden; ich kann mich dieserwegen unter andern darauf berufen, daß man den Destouches⁴⁶ niemals mit dem la Chaussee⁴⁷ in eine Klasse gesetzt hat, und daß die hartnäckigsten Feinde des letztern, niemals dem erstern den Ruhm eines vortrefflichen komischen Dichters abgesprochen haben, so viel edle Charaktere und zärtliche Szenen in seinem Stücke auch vorkommen. Ja, ich getraue mir zu behaupten, daß nur dieses allein wahre Komödien sind, welche so wohl Tugenden als Laster, so wohl Anständigkeit als Ungereimtheit schildern, weil sie eben durch diese Vermischung ihrem Originale, dem menschlichen Leben, am nächsten kommen. Die Klugen und Toren sind in der Welt untermengt, und ob es gleich gewiß ist, daß die erstern von den letztern an der Zahl übertroffen werden, so ist doch eine Gesellschaft von lauter Toren, beinahe eben so unwahrscheinlich, als eine Gesellschaft von lauter Klugen. Diese Erscheinung ahmet das Lustspiel nach, und nur durch die Nachahmung derselben ist es fähig, dem Volke nicht allein das, was es vermeiden muß, auch nicht allein das, was es beobachten muß, sondern beides zugleich in einem Lichte vorzustellen, in welchem das eine das andre erhebt. Man sieht leicht, daß man von diesem wahren und einigen Wege auf eine doppelte Art abweichen kann. Der einen Abweichung hat man schon längst den Namen des »Possenspiels« gegeben, dessen charakteristische Eigenschaft darinne besteht, daß es nichts als Laster und Ungereimtheiten, mit keinen andern als solchen Zügen schildert, welche zum Lachen bewegen, es mag dieses Lachen nun ein nützliches oder ein sinnloses Lachen sein. Edle Gesinnungen, ernsthafte Leidenschaften, Stellungen, wo sich

_____

(46) * Philippe Néricault Destouches (1680 – 1754), franz. Dramatiker.
(47) * Pierre Claude Nivelle de la Chaussée (1692 – 1754), Schöpfer des weinerlichen Rührstücks in Frankreich.

die schöne Natur in ihrer Stärke zeigen kann, bleiben aus demselben ganz und gar weg; und wenn es außerdem auch noch so regelmäßig ist, so wird es doch in den Augen strenger Kunstrichter dadurch noch lange nicht zu einer Komödie. Worinne wird also die andre Abweichung bestehen? Ohnfehlbar darinne, wenn man nichts als Tugenden und anständige Sitten, mit keinen andern als solchen Zügen schildert, welche Bewunderung und Mitleid erwecken, beides mag nun einen Einfluß auf die Beßrung der Zuhörer haben können, oder nicht. Lebhafte Satyre, lächerliche Ausschweifungen, Stellungen, die den Narren in seiner Blöße zeigen, sind gänzlich aus einem solchen Stücke verbannt. Und wie wird man ein solches Stück nennen? Jedermann wird mir zurufen: das eben ist die weinerliche Komödie! Noch einmal also mit einem Worte: das *Possenspiel* will nur zum Lachen bewegen; das *weinerliche Lustspiel* will nur rühren; die wahre *Komödie* will beides. Man glaube nicht, daß ich dadurch die beiden erstern in eine Klasse setzen will; es ist noch immer der Unterscheid zwischen beiden, der zwischen dem Pöbel und Leuten von Stande ist. Der Pöbel wird ewig der Beschützer der Possenspiele bleiben, und unter Leuten von Stande wird es immer gezwungne Zärtlinge geben, die den Ruhm empfindlicher Seelen auch da zu behaupten suchen, wo andre ehrliche Leute gähnen. Die wahre Komödie allein ist für das Volk, und allein fähig einen allgemeinen Beifall zu erlangen, und folglich auch einen allgemeinen Nutzen zu stiften. Was sie bei dem einen nicht durch die Scham erlangt, das erlangt sie durch die Bewunderung; und wer sich gegen diese verhärtet, dem macht sie jene fühlbar. Hieraus scheinet die Regel des *Kontrasts,* oder der *Abstechung,* geflossen zu sein, vermöge welcher man nicht gerne eine Untugend aufführt, ohne ihr Gegenteil mit anzubringen; ob ich gleich gerne zugebe, daß sie auch darinne gegründet ist, daß ohne sie der Dichter seine Charaktere nicht wirksam genug vorstellen könnte.

G. E. Lessing. Werke. Hrsg. von Herbert G. Göpfert. 4. Band. Dramaturg. Schriften. Hanser, München 1973, S. 54–56. Ausschnitt.

3. Gotthold Ephraim Lessing:
[Über das Lachen]

(1767)

Die Komödie will durch Lachen bessern; aber nicht
eben durch Verlachen; nicht gerade diejenigen Unarten,
über die sie zu lachen macht, noch weniger bloß und allein die, an welchen sich diese lächerliche Unarten finden. Ihr wahrer allgemeiner Nutzen liegt in dem Lachen
selbst; in der Übung unserer Fähigkeit das Lächerliche
zu bemerken; es unter allen Bemäntelungen der Leiden-
schaft und der Mode, es in allen Vermischungen mit
noch schlimmern oder mit guten Eigenschaften, sogar
in den Runzeln des feierlichen Ernstes, leicht und geschwind zu bemerken. Zugegeben, daß der Geizige des
Molière nie einen Geizigen, der Spieler des Regnard[48]
nie einen Spieler gebessert habe; eingeräumet, daß das
Lachen diese Toren gar nicht bessern könne: desto
schlimmer für sie, aber nicht für die Komödie. Ihr ist
genug, wenn sie keine verzweifelte Krankheiten heilen
kann, die Gesunden in ihrer Gesundheit zu befestigen.
Auch dem Freigebigen ist der Geizige lehrreich; auch
dem, der gar nicht spielt, ist der Spieler unterrichtend;
die Torheiten, die sie nicht haben, haben andere, mit
welchen sie leben müssen; es ist ersprießlich, diejenigen
zu kennen, mit welchen man in Kollision kommen
kann; ersprießlich, sich wider alle Eindrücke des Bei-
spiels zu verwahren. Ein Präservativ ist auch eine
schätzbare Arzenei; und die ganze Moral hat kein kräf-
tigers, wirksamers, als das Lächerliche. [. . .]

*Gotthold Ephraim Lessing: Hamburgische Dramaturgie,
29. Stück. In: G. E. Lessing. Werke. Hrsg. von Herbert G. Göpfert. 4. Band. Dramaturgische Schriften. Hanser, München
1973, S. 363. Ausschnitt.*

---

(48) * Jean-François Regnard (1655 – 1709), franz. Lustspielautor. Sein
›Le joueur‹ (1696) steht in der Nachfolge von Molierès ›L'avare‹ (1668).

IV. Aufführung und Wirkung

Karl Lessing:
[Bericht von der Berliner Aufführung 1768]

Berlin, den 22. März 1768.

Liebster Bruder,

Daß ich Dir seit langer Zeit nicht geschrieben, daran ist
Meil[49] und Du selbst Schuld: Meil, weil er mit den Vignetten
schon vor 14 Tagen fertig seyn wollte, aber
nicht war (doch gewiß auf künftige Woche); Du, weil
man Deine Minna von Barnhelm schon seit vier Wochen
geben wollte, und erst gestern gab. Ja, ja; Döbbelin[50]
gab sie! Und ich muß Dir sagen, er hat damit das
Publikum versöhnt, das in seine Bude gar nicht mehr
kommen wollte. Gestern sah ich aber ein ganz volles
Parterre, und, was noch seltener ist, ein vergnügtes. Gewiß,
Bruder, seit langer Zeit hatte ich keinen so frohen
Abend, und denke auch heute ihn wieder zu haben.
Aber haben sie es denn so herrlich gemacht? wirst Du
fragen. Sie haben wenigstens nichts verdorben.
Inhalt, Charaktere und Situationen des Stücks sind mir
gewiß nicht unbekannt, und ich habe mir manchen Spaziergang
damit verkürzt, nachzudenken, wie diese oder
jene Stellen nach meiner Meynung zu machen wären.
Dem ungeachtet ist mir in der ganzen Vorstellung nicht
mein Eigendünkel eingefallen; noch weniger, daß ich
vor der Bühne stand: da ich doch zwischen dem zweyten
und dritten Akt in der Garderobe war, und aus dem
schlanken, kalten und unreitzbaren Körper der Döbbelin
die einnehmende Minna formen sah. Will man

---

(49) * Johann Wilhelm Meil (1733 – 1805), Kupferstecher, dessen *Vignetten,*
kleine figürliche Bilder auf Buch-(Titel-)Seiten, beliebt waren.
(50) * Karl Theophilus Döbbelin (1727 – 1793), Schauspieler und
Theaterdirektor. Zu seiner Truppe gehörten Simon Schmelz, Karoline
Schulze, Matthias Georg Lamprecht. Konrad Ekhof war ein bekannter
Schauspieler.

mehr, so giebt man sich freylich ein großes kritisches
Ansehen; man ist aber auch unbillig. Doch ich komme
ins Schwatzen, worein sich meistens unsere angeneh-
men Empfindungen aufzulösen scheinen, und will Dir
5 also nur kurz sagen, wie die Rollen vertheilt waren. Den
Tellheim machte Schmelz. Er hat nicht die angenehmste
Sprache; aber seine Figur, seine Aktion, seine stille
Empfindung entschädigen. Er war ohne alle heftige Ge-
stikulation, und man sah doch, wie ihn das Unglück
10 niedergeschlagen, wie er vor Verdruß über widerfahrnes
Unrecht ganz unthätig, ganz fühllos geworden, und
Rechtschaffenheit und Edelmuth an ihm nur noch me-
chanisch waren. Wie bitter lachte er über das Unglück!
wie sehr zwang er sich, seine zärtlichen Empfindungen
15 zu unterdrücken! Aber vor allen andern, seine auf einmal erwachende Zärtlichkeit, da er seine Minna unglücklich sah! Ohne Uebertreibung versichere ich Dich,
ich habe noch keine solche wahre, edle und doch feuri-
ge Liebe auf dem Theater gesehen, als in dieser Situa-
20 tion. Freylich kenne ich wenige Theater, und davon
mag wohl auch etwas in meinem Lobe liegen. Eckhofen
kenne ich von Leipzig her, und nach der Sage aller, ist
er der beste Deutsche Akteur; ich wette aber Eins gegen
Hundert, er macht den Tellheim nicht besser. Das Aeu-
25 ßere will ich gar nicht rechnen, ob es gleich auf dem
Theater in Anschlag kommen muß, man denke so geistig als man will.
Die Schulzin war Franziska. Nun, weil Du sie gesehen,
will ich nichts sagen. Man muß ihr in dieser Rolle doch
30 gut seyn; wegen ihrer Schönheit außer dem Theater gewiß nicht!
Döbbelin spielte den Wachtmeister; jedermann sagte,
ein geborner Wachtmeister! Es ist recht ärgerlich, daß
er nicht gut memorirt hatte, und also oft ein Wort zu
35 sehr dehnte. Sein Herzenswunsch wurde erfüllt: man be-
klatschte ihn so viel, daß es den übrigen Zuschauern lä-
stig fiel. Ob er allezeit wußte, warum, daran liegt mir
nichts, und ich gönne meinem Nächsten immer mit ein
Vergnügen, wo ich selbst Vergnügen habe.

136

Seine Frau war Minna. Ob sie so ganz mit Leib und Seele dies zum ersten und einzigen Male liebende Fräulein war: das will ich nicht untersuchen. Sie hat ein gutes Gedächtniß, ist unverdrossen, und wäre ihre Sprache besser, so könnte sie, selbst ohne Empfindung, ihre Rollen mit Empfindung zu spielen scheinen. Just war Kalte; er spielte ihn besser, als ich glaubte: nur plumper hätte er seyn sollen. Den Wirth machte Schulze. Obschon oft ausgepfiffen, war er doch hier an seiner rechten Stelle. Das ganze Parterre vergißt den schlechten Akteur, sobald der schurkische Wirth und Hamburgische Grobian spielt. Ehe ich auf den Franzosen komme, den Lambrecht machte, ein kleines Anekdötchen! Döbbelin hatte diese Rolle seinem Balletmeister Dupuis bestimmt; aber dieser zögerte so lange, ungeachtet er mir selbst versprochen, sie zu übernehmen. Einige seiner Landsleute mochten es ihm wohl abgerathen haben; denn er ist ganz dazu geboren, sich in dieser Rolle zu verewigen. Er spricht gut Französisch, hat sogar, wie er sich Deutsch ausdrückt, die Premier-Rollen gemacht, par honneur[51], nicht um Geld; und den hätte ich sehen wollen, der von ihm ein Wort anders gehört hätte, als es vorgeschrieben war. Ich glaubte, das wenigste, was Lambrechten widerfahren könne, sey, ausgelacht zu werden. Aber nein, auch er übertraf alles Erwarten. Er hatte sich unbeschreibliche Mühe gegeben. Er sprach das Französische ziemlich richtig. Ueber seine Kunst, das Glück zu corrigiren, lächelte er sich selbst wahre Beyfallsmienen zu. Bey dem allen aber hätte die Rolle immer besser gemacht werden können. Doch es wäre ungerechte Tadelsucht, deswegen Speisen unschmackhaft zu finden, weil es auf andren Tafeln bessere und delikatere giebt. Wenn der Kritiker es thut, so handelt er vielleicht recht: er ist gleichsam der Wirth, der den Koch belehren will; bey dem Gast aber wäre es blanke Ungezogenheit.

Die Dame in Trauer war die Schmelzinn. Sie deklamirt

---

(51) * (frz.) der Ehre wegen.

sehr richtig; ich habe mir aber ein anderes Frauenzimmer, als sie spielte, unter dieser Rolle vorgestellt. Den andren Bedienten machte der jüngere Felbrig, und den Grafen von Bruchsall äußerst schlecht ein gewisser junger Wille.

Sey nur nicht böse über mein Geschwätz. Ich habe nie mit größerem Vergnügen geschwatzt als heute. Ich kann Dich auch versichern, es ist in Deinem Stücke mit Vorsatz kein Wort ausgestrichen oder ausgelassen worden. Ueber die exakte Polizey[52] lachte man von Herzen. Nur das abscheuliche Wort: »Hure«, erstickte dem Reitknecht Just halb im Munde. Doch ich muß aufhören, sonst schreibe ich noch zehn Bogen.

Mit ehestem mehr. Lebe wohl, lieber Bruder. Und wenn Du mir in meinem Leben keine Güte erwiesen hättest, so würde ich Dir doch für den gestrigen Abend, und für die Stunden, worin ich deine Minna gelesen habe, unendlich verbunden seyn. Reitzt Dich das Vergnügen, eine große Anzahl Menschen vergnügt gemacht zu haben, nicht; was soll Dich dann reitzen? Wahrhaftig, ich dürfte nicht an Deiner Stelle seyn, ich schriebe Komödie auf Komödie. Denn Menschen vergnügt machen, heißt: sie in den glücklichsten Zustand setzen.

Dein treuer Bruder,
Karl

Briefe von und an G. E. Lessing. In fünf Bänden. Hrsg. von Franz Muncker. 3. Band. Göschen'sche Verlagshandlung, Leipzig 1907, S. 248–250.

(52) * Sammelname für die Unmenge der Vorschriften und Erlasse zur Regelung des öffentlichen Lebens im Zeitalter des Absolutismus.

V. Neuere Interpretationskonzepte

1. Fritz Brüggemann:
[Soziale Psychologie im Drama]

(1926)

[...] Einen völligen Wandel bedeutet [...] die ›Minna von Barnhelm‹. Aus den leeren Abstraktionen führt sie mitten in den realen Strom des Lebens. Die Personen in den Dichtungen der Vorkriegszeit waren Privatleute. Tellheim ist Offizier, und zwar nicht nur dem Kostüm nach, sondern sein Stand setzt ihn in ein bestimmtes Verhältnis zum öffentlichen Leben der Zeit. Das Stück spielt zu Berlin im Hotel zum König von Spanien am 22. August des Jahres 1763, kurz nachdem der Friede geschlossen ist, in der Residenz des Königs und am Sitz der hohen Justizkollegien, wo die abgedankten Offiziere in den Gasthöfen liegen und nicht wissen, was aus ihnen werden soll (II, 2). Und für Tellheim handelt es sich nicht nur um die abstrakte Tugend (wie für die Sara), sondern um die ganz reale Ehre, freilich nicht so sehr um seine Ehre als Offizier, als überhaupt um seine Ehre als anständiger bürgerlicher Mensch, als Mann der Redlichkeit: es ist verleumdet, sich während des Krieges von den sächsischen Ständen haben bestechen zu lassen. Für Sara Sampson wäre das kein Konflikt, denn Tellheim steht vor Gott und seinem Gewissen rein da. Dieser aber muß auf Wiederherstellung seiner Ehre in der realen Welt dringen, an der Sara so wenig gelegen ist, daß ihre besondere bürgerliche Tugend geradezu auf dieser Uneigennützigkeit zu beruhen scheint. Ist Tellheim weniger uneigennützig? Hat sich der Tugendbegriff geändert? Haben wir es mit einem neuen Typus Mensch zu tun?

In der Tat hat sich mit der Steigerung des Wirklichkeitssinns in den Jahren des Kriegs das Gefühlsleben gewandelt und damit der ganze seelische Habitus der Menschen geändert. Die Gefühle haben selbst einen ungleich realeren Charakter angenommen. Die schwere Not der Zeit trieb die Menschen unmittelbar zueinander. Das Gefühl erstarkte, es ward naiv, es emanzipierte sich vom abstrakten Denken und nahm nun eigentlich erst allgemein jene persönliche Färbung an, die das Gefühlsleben in der vorzeitigen Dichtung Klopstocks von vornherein gezeigt hatte.

[...] Tellheim hat mit der Verleumdung alles eingebüßt, was einst seinen menschlichen Wert ausmachte. Das reiche Fräulein von Barnhelm ist gewillt, ihm trotzdem ihre Hand zu reichen. Für den bürgerlichen Menschen Gellertscher Konvenienz stände nichts im Wege, diese Hand zu nehmen. Für ihn galt nur der Maßstab: Geliebt wird, wen das Schicksal zur Liebe gewährt; ein Begehren darüber hinaus gibt es nicht. Für Tellheim aber gibt es einen ganz anderen Maßstab: die persönliche Ehre. Dieser widerspricht es, die Hand anzunehmen, die ihm unter ganz anderen Voraussetzungen zugesagt war, da er geachtet, vermögend und gesund war. Es wäre nach seinem Gefühl ein Akt der Unredlichkeit, dieser Veränderung ungeachtet zu nehmen, was ihm das Schicksal gewährt. So läuft im Grunde genommen alles auf die bürgerliche Tugend der Redlichkeit hinaus, nur auf einen veränderten, unbedingten Grad von Redlichkeit. Auf das Unbedingte kommt es an, auf die radikale Erfassung der Sache, auf das Unabänderliche und Notwendige. Das ist das entwicklungsgeschichtlich Neue. Tellheim sagt, daß »Vernunft und Notwendigkeit« ihm befohlen hätten, Minna von Barnhelm zu vergessen (II, 9). Zum ersten Male begegnet uns damit im deutschen Drama der Begriff der Ehre als eiserne Notwendigkeit, der sich den handelnden Personen als Widerstand entgegenstellt. Minna selbst hat mit dem beweglicheren Gefühl der Frau kein unbeschränktes Verständnis für diese eiserne Männerehre. »O über die wilden, unbiegsamen Männer, die nur immer ihr stieres Auge auf das Gespenst der Ehre heften, für alles andere Gefühl sich verhärten!« sagt sie (IV, 6); aber Tellheim gibt nicht nach, trotz der innigen Liebe, die ihn für Minna erfüllt, alle Künste der Verführung müssen an der Festigkeit seines Charakters scheitern. »Hören Sie, mein Fräulein, was ich fest beschlossen habe, wovon mich nichts in der Welt abbringen soll«, antwortet er ihr. »Es ist ein 5 nichtswürdiger Mann, der sich nicht schämt, sein ganzes Glück einem Frauenzimmer zu verdanken, dessen blinde Zärtlichkeit . . .« (IV, 6).

Mit dieser unerschütterlichen Festigkeit ist etwas ganz Neues auf die deutsche Bühne gekommen: *der Mann* 10 *von Charakter*. Wo haben wir vorher einen Mann von Charakter gehabt? Wir haben nach dem egoistischen politischen Menschen des ausgehenden siebzehnten Jahrhunderts den redlichen, das heißt den sozial empfindenden Menschen der neuen bürgerlichen Kultur, 15 den Träger dessen, was das achtzehnte Jahrhundert die »Tugend« nannte, der in weiterer Folge auch die Fähigkeit zur Freundschaft in sich entwickelte; wir haben bei Gellert zuerst auch den edlen Menschen, dessen Großmut zur schönen Geste wurde, wie sie nicht zum minde- 20 sten durch Tellheim dann auf der Bühne verstärkten Ausdruck erfuhr. Auch dieser edle Mensch konnte verzichten. Aber sein Verzicht war kein Ausdruck von Charakter. Wenn er verzichtete, dann machte er nur aus der Not eine Tugend, weil er zum Begehren nicht die 25 Kraft besaß. Ganz anders Tellheim. Er verlangt mit der ganzen Kraft seiner Seele. Sein Verzicht ist Selbstüberwindung. Das ist neu. Den Mann von Charakter, dem die Sache über die Person geht, der rücksichtslos gegen sich selbst und andere seine ganze Persönlichkeit für ein 30 Prinzip einsetzt, den sehen wir in Tellheim zum ersten Male. [. . .]

Fritz Brüggemann: Lessings Bürgerdramen und der Subjektivismus als Problem. Psychogenetische Untersuchung. In: Jahrbuch des Freien Deutschen Hochstifts, 1926. Wieder abgedruckt in G. 35 *und S. Bauer (Hrsg.): G. E. Lessing. Wissenschaftliche Buchgesellschaft, Darmstadt 1968, S. 95–98. Ausschnitt.*

2. Emil Staiger:
[Der Held mit dem komischen Fehler]

(1955)

[. . .] Überblicken wir den Verlauf der Handlung, so finden wir, daß das Stück, wenn es nach dem Schema der
›Deutschen Schaubühne‹ ginge, ›Der Ehrenhafte‹ heißen
müßte. Denn der Held mit dem komischen Fehler ist
Tellheim, und sein ›Fehler‹, den das Lachen rügen soll,
besteht in übertriebenem Ehrgefühl. Der bloße Vor-
schlag aber genügt, die Unmöglichkeit eines solchen Ti-
tels und den besonderen Reiz des Spiels, das ›Minna
von Barnhelm‹ heißt, zu beleuchten. Als ›Ehrenhafter‹
wäre Tellheim ein notdürftig inkarnierter Begriff wie
Schlegels geschäftiger Müßiggänger oder Quistorps[53]
Hypochondrist. Der Zuschauer fände sich aufgefordert,
all sein Tun und Lassen als Äußerung seines Ehrgefühls
zu deuten. Doch Tellheim ist nicht nur ehrenhaft; er ist
auch ritterlich, liebenswürdig, zart, gutmütig und emp-
findsam. Ebenso ist Minna von Barnhelm nicht nur eine ›Jungfer Fröhlichinn‹, wie sie Quistorp seinem Hypo-
chondristen gegenüberstellt. Eine gewisse Wehmut
scheint ihrem geheimeren Wesen nicht fremd zu sein;
und um den Fehler Tellheims zu verbessern, bedürfte es
auch der Lust an kleinen Intrigen und der Launen
nicht, die ihr so wohl anstehen. Noch mehr als Gellert
also lockert Lessing die logische Disziplin. In ihm wird
die Ratio zur Natur. Er darf, wie Wieland sich einmal
ausgedrückt hat[54], dem Menschen*sinn* vertrauen, während die früheren Dichter sich noch vor der Menschen-
vernunft verantworten mußten. Geheime Harmonie, die
immer mächtiger ist als die offenbare, wird damit seinem Werk zuteil. Es schwingt in Bezügen, die keine
Meßkunst restlos nachzurechnen vermag.

Dennoch entrinnt es der Gefahr, die Spannung einzu-
büßen, der Gellerts Liberalität erlegen war. Mit dem

(53) * Johann Theodor Quistorp (1722 – ?), Lustspielautor in der Weise der Sächsischen Typenkomödie (›Der Hypochondrist‹, 1745).
(54) C. M. Wieland: ›Was ist Wahrheit?‹ ,

›Fehler‹ Tellheims nämlich hat es seine eigene Bewandt-
nis. Der Ehrenhafte läßt sich nicht ohne weiteres neben
den Bücherwurm oder den eingebildeten Kranken stellen. Diese sind fraglos lächerlich, so, daß der Zuschauer
nur darauf wartet, sie endlich beschämt und verspottet   5
zu sehen. Tellheim dagegen ist ein Charakter von höch-
ster Würde. Er gewinnt schon im ersten Augenblick unser Herz. Und ob ihm unsere Liebe gleich mehr Bieg-
und Schmiegsamkeit wünschen möchte, unsere Achtung
wächst, je trotziger er auf seiner Ehre besteht. [. . .]   10
Zum Fehler jedoch und leise komisch wird Tellheims
Ehre, weil er sie vor der Geliebten behaupten will. Minna nämlich tritt als Frau dem starren Mann gegenüber
wie das holde unwillkürliche Leben in Menschengestalt
der abstrakten Vernunft. Wider die preußische Morali-   15
tät, die »nordische Schärfe des Hypochonders«[55], die alles auf die Spitze treibt, setzt sie, das sächsische Fräulein, etwas ein, das man Läßlichkeit nennen möchte, eine Läßlichkeit indes, die keineswegs unmoralisch ist,
die nur der Glaube an die unverwüstliche Güte des Le-   20
bens erlaubt – ein Glaube, der ihr denn auch gestattet,
außerhalb aller Ordnung ihre Wünsche zu fördern und
tätig zu sein, dort, wo die Frau sonst untätig sein soll:
Sie reist dem geliebten Manne nach und wagt, ihm zu
sagen: »Deine Hand!« Und sie braucht nicht um ihre   25
Würde zu sorgen und darf der Eingebung des Augen-
blicks, ja sogar dem Zufall vertrauen. Sie darf sich ge-
henlassen; sie wird sich nie verirren aus der Wahrheit,
die ihr im Geist und im Herzen wohnt. Und so, durch-
drungen von Zuversicht, daß Gott die Schöpfung klug   30
erdacht und den Menschen zum Glück erkoren habe,
sieht Minna allen gewaltsamen Anstrengungen, das
Rechte zu tun, mit feinem Lächeln zu, als wollte sie sagen: Was soll die Mühsal? Was plagst du dich, da du
doch gut bist aus Natur und also die Anwartschaft auf   35
Glück in deinem eigenen Herzen trägst? [. . .]

*Emil Staiger: Die Kunst der Interpretation. Studien zur dt. Lite-
raturgeschichte. Atlantis, Zürich 1955, S. 81–83. Ausschnitt.*

(55) Goethe über H. v. Kleist, um 1809 zu Falk.

Auswahlbibliographie

Ausgaben

Dieter Hildebrandt (Hrsg.): G. E. Lessing: Minna von Barnhelm. Ullstein, Berlin usw. 1969 (Dichtung und Wirklichkeit. Ullstein Buch 3930).

Minna von Barnhelm oder das Soldatenglück. Ein Lustspiel in fünf Aufzügen. Verfertigt im Jahre 1763. Reclam, Stuttgart 1977 (Reclam UB Nr. 70).

G. E. Lessing: Werke. Hrsg. von Herbert G. Göpfert. 8 Bände. Hanser, München 1968 ff.

Lessings Werke, hrsg. von Kurt Wölfel. 3 Bände. Insel, Frankfurt 1967.

Neuere Interpretationen

J. Hein (Hrsg.): Erläuterungen und Dokumente. Minna von Barnhelm. Reclam, Stuttgart 1970 (Reclam UB 8108).

Gerhard und Sibylle Bauer (Hrsg.): G. E. Lessing. Wissenschaftliche Buchgesellschaft, Darmstadt 1968 (Wege der Forschung CCXI). Darin: Georg Lukács: Minna von Barnhelm (1964); Fritz Martini; Riccaut, die Sprache und das Spiel in Lessings Lustspiel ›Minna von Barnhelm‹ (1964).

Peter Michelsen: Die Verbergung der Kunst. Über die Exposition in Lessings ›Minna von Barnhelm‹. In: Jahrbuch der deutschen Schiller-Gesellschaft 17/1973.

Jürgen Schröder: G. E. Lessing: Minna von Barnhelm. In: Die deutsche Komödie. Vom Mittelalter bis zur Gegenwart, hrsg. von Walter Hinck. Bagel, Düsseldorf 1977.

Horst Steinmetz: Minna von Barnhelm oder die Schwierigkeit, ein Lustspiel zu verstehen. In: Wissen aus Erfahrung. Festschrift für Hermann Meyer, hrsg. von Alexander von Bormann. Niemeyer, Tübingen 1976.

Peter Weber: Lessings ›Minna von Barnhelm‹. Zur Interpretation und literarhistorischen Charakteristik des Werkes. In: H. G. Thalheim, U. Wertheim (Hrsg.): Studien zur Literaturgeschichte und Literaturtheorie. Aufbau Verlag, Berlin 1970.

Literatur- und sozialgeschichtlicher Kontext zu den Materialien

Fritz Brüggemann (Hrsg.): Der siebenjährige Krieg im Spiegel der zeitgenössischen Literatur. Reclam, Leipzig 1935. Nachdruck: Wissenschaftliche Buchgesellschaft, Darmstadt 1966.

Gerhard Kaiser: Pietismus und Patriotismus im literarischen Deutschland. Ein Beitrag zum Problem der Säkularisation. Athenäum, Frankfurt ²1973.

Kurt Wölfel: Moralische Anstalt. Zur Dramaturgie von Gottsched bis Lessing. In: Deutsche Dramentheorien, Bd. 1, hrsg. von Reinhold Grimm. Athenäum, Frankfurt 1971.

Horst Steinmetz: Die Komödie der Aufklärung. Metzler, Stuttgart 1966 (Slg. Metzler).

Leo Balet, E. Gerhard: Die Verbürgerlichung der deutschen Kunst, Literatur und Musik im 18. Jahrhundert (1936). Hrsg. von Gert Mattenklott. Ullstein, Frankfurt usw. 1973 (Ullstein Buch 2995).

Walther Hubatsch (Hrsg.): Das Zeitalter des Absolutismus 1600–1789. Wissenschaftliche Buchgesellschaft, Darmstadt ⁴1975 (Geschichte der Neuzeit 3).

Franz Mehring: Die Lessing-Legende. Eine Rettung. Nebst einem Anhang über den historischen Materialismus (1893). Neudruck: Ullstein, Frankfurt usw. 1974 (Ullstein Buch 2854).

Harald Weinrich: Mythologie der Ehre, Ethik der Öffentlichkeit. In: Merkur 23/1969.

Zeittafel zu Leben und Werk

1729 22. Januar: Gotthold Ephraim Lessing in Kamenz (Lausitz) geboren als Sohn des Pfarrers Johann Gottfried Lessing und Frau Justine Salomone, geb. Feller.

1741 Aufnahme in die Fürstenschule St. Afra in Meißen (21. Juni), wo er 1742 eine von der Familie von Carlowitz gestiftete Freistelle bekommt.

1746 Rede zum Schulabgang: ›De mathematica barbarorum‹. 20. September: Immatrikulation als Student der Theologie in Leipzig.

1747 Beginn der journalistischen Arbeiten als Mitarbeiter der ›Ermunterungen zum Vergnügen des Gemüths‹ und der Wochenschrift ›Der Naturforscher‹. Lustspiel: ›Damon oder die wahre Freundschaft‹.

1748 Wechsel zum Medizinstudium. Immatrikulation in Wittenberg. Lustspiele: ›Der junge Gelehrte‹, ›Der Misogyne‹, ›Die alte Jungfer‹.

1749 Lessing in Berlin. Lustspiele: ›Die Juden‹, ›Der Freigeist‹. Dramenfragment ›Samuel Henzi‹. Erzählung ›Der Eremit‹.

1750 Mitarbeiter der ›Berlinischen privilegierten Zeitung‹ (›Vossische Zeitung‹). Herausgabe (mit Mylius): ›Beiträge zur Historie und Aufnahme des Theaters‹. Lustspiel ›Der Schatz‹. Wissenschaftliche Arbeiten: ›Abhandlung von dem Leben und den Werken des M. A. Plautus‹, ›Kritik über die ‹Gefangenen› des Plautus‹, ›Gedanken über die Herrenhuter‹.

1751 Redakteur des ›Gelehrten Artikels‹ der ›Berlinischen privilegierten Zeitung‹ und Herausgeber der Monatsbeilage ›Das Neueste aus dem Reiche des Witzes‹.

1752 In Wittenberg Promotion zum Magister der freien Künste.

1753 ›G. E. Leßings Schrifften. Erster und Zweiter Theil‹, ›Das Christentum der Vernunft‹.

1754 Teil 3 und 4 der ›Schrifften‹. ›Theatralische Bibliothek‹, Stücke 1 und 2. Beginn der Freundschaft mit Moses Mendelssohn in Berlin.

1755 Teil 5 und 6 der ›Schrifften‹. (Darin: ›Miß Sara Sampson. Ein bürgerliches Trauerspiel‹.) ›Theatralische Bibliothek‹, 3. Stück. Mit Mendelssohn: ›Pope, ein Metaphysiker!‹ –

146